JN101208

フリチョフ・ナンセン
極北探検家から
「難民の父」へ
FRIDTJOF NANSEN
Osamu Arakaki
新垣修

太郎次郎社エディタス

フリチョフ・ナンセン

極北探検家から「難民の父」へ

冒険と学びと平和を愛する人びとへ

はしがき

2019年12月にジュネーブで開催された国連機関主催の会議に参加した私は、クリスマスまえのシーズンをノルウェーで過ごすことにした。オスロ中央駅前からノルウェー王宮に連なるカール・ヨハン通りは、プレゼントを熱心に選ぶ家族、なにやら楽しそうに笑う若者たち、年末休暇を楽しむ観光客、肩を寄せあうカップルなどでにぎわっていた。街全体が軽やかなメロディでも奏でるかのように。

オスロ中央駅前から車で30分ほど西に進むと、ルイサキという郊外にたどり着く。大通りで車を降り、にぎやかなオスロ中心街とは対照的に、静けさに包まれたゆるやかな勾配の小径を歩み進む。やがて道が静かにひらいた。薄い雪のシルクをまとった広場の上に、青い屋根の帽子をのせたレンガ造りの館がたたずんでいる。言われなければ、あるいは知らなければ、そこが「ある研究所」だと気づくことはないだろう。

チャイムを鳴らすと、研究所の職員が玄関を開け、私を招き入れてくれた。

「ようこそいらっしゃいました。迷わなかったかしら？　どうぞ中へ」

まずはたがいに、簡単に自己紹介。彼女の名はヒルダさん。エントランスの奥には、大きなクリスマスツリーが飾られていた。そのそばにいた男性が近づき、話しかけてきた。彼はアイヴァー・ノイマン博士。ノルウェー外交やロシア外交を専門とする国際政治学者であり、ここの所長である。多忙なクリスマス・シーズンに、直前の連絡にもかかわらず面会と見学を快諾してくれたことへの謝意を伝えると、ノイマン博士は笑顔で応えた。

「あなたはラッキーです。じつは今日が仕事納めなのです。明日からこの研究所は年末年始の休館に入るんですよ」

あいさつを和やかに交わしたあと、ヒルダさんがさっそく研究所の中を案内してくれた。調査研究施設というより、人の生活の気配が漂う屋敷に思えたのは当然だったのかもしれない。そこはもともと、「彼」とその家族の住処だったのだから。現在、この建物内の多くの「部屋」は研究室や会議室、文庫室として使われているが、「彼」にまつわる貴重な品々がそこかしこに展示されている。「彼」が仕事で使った机と椅子（いす）、「彼」が残した書籍、「彼」が描いた画、「彼」が愛用したスキー用品、「彼」が作製した科学器具、「彼」が発明した調査の道具、「彼」の名声をたたえる勲章や賞状の数々。これらは、「彼」が科学や外交、人道支援などの分野に深く関与し貢献した証である。

その「彼」とは、フリチョフ・ナンセン(Fridtjof Nansen)。そして私が訪れたのは「フリチョフ・ナンセン研究所」である。研究所に置かれた品々が多彩であるように、第一次世界大戦前後を生きたナンセンの人生もまた多彩である。

１８８８年に理系分野で博士号を取った直後、グリーンランドの横断に旅立ち、これを成功させる(26歳)。

１８９５年には、北極点に人類としてもっとも近づく記録を打ち立てた(33歳)。

１９０５年から数年間は母国・ノルウェーの独立に尽力し、在英国ノルウェー大使となる(44歳～46歳)。

１９１７年～１９１８年には、食糧危機に直面する母国のため、使節団団長として米国と食糧供給について交渉した(55歳～56歳)。

国際連盟ノルウェー代表となった１９２０年、捕虜帰還高等弁務官となった(58歳)。翌年には、ロシア難民高等弁務官とロシア飢饉(ききん)救済事業高等弁務官に就任(59歳)。

１９２２年、トルコ・ギリシャ住民交換の交渉者となる。そしてその年、ノーベル平和賞を受賞している(61歳)。

無双の経歴と無類の実績への喝采は、21世紀に生きるわれわれの耳にも届くほど長く続いている。長身でナチュラルな筋肉。彫像のような表情に鋭い眼光をたたえ、怜悧(れいり)な口もとには意思の強さが宿る。強靭(きょうじん)、無骨で頑固な男。独立を願う母国の人びとを、極北探検の成功でふるいたたせた英雄。数えきれないほどの戦争捕虜や飢餓に苦しむ人びと、難民の命を救った巨人。その一方、素食を好み、身にまとうのはいつも同じ着古しのジャケット。現地調査に向かう列車では三等車しか使わない。人道支援活動では給与をいっさい受けとらないどころか、私財すら投じた。

ひとたび目標を立てたら丹念に計画し、前進をはばむ壁があればそれを突き崩してでも達成をあきらめない人。人並はずれた能力を武器に、ときには無謀とも思える押しの一手で成功を手中におさめる。「威風堂々」という言葉がよく似合い、その姿勢はどこまでもポジティブだ。「困難」と「不可能」の定義の違いについて聞かれ、こう答えた。

「困難とは、ほとんど時間をかけずに何かをなしとげられることである。不可能とは、解決までに少しばかり時間がかかることである」

情熱と才能、野望の一体化。ナンセンは、そんな印象で伝えられたり、あるいは語られたりする。

だが、年齢と経験を重ねるにつれ、彼のある内面が色濃く表出するようになった。それは、何かに抗うだけではなく、自然の流れを受け入れ、むしろその流れに助けてもらうという姿勢である。それは、大海原の大流に身をまかせ、あたかも「漂流」しながら目標地点に達するような生き方だった。

同時に、知的好奇心や個人的野心に根ざした彼の関心は、なにひとつ希望を見出せない人びとの救済と、世界平和を実現するための挑戦へと移っていった。自力ではどうにもならない閉塞的状況におかれた人びとのことを知ると、当時の世界システムや国際政治の大流にみずからを巧みにゆだねながら、彼はだれにもまねできない独創的な手法で打開を試みた。闇の中で輝く光となり、闇に打ち勝とうとした。

世界はいま、歴史の岐路に立つ。ポスト・コロナといわれる時代の先に待つのは、反グローバル主義と極端な自国ファースト主義なのか。これまでの国際体制は、「中国対その他の大国」という構図に変化するのか。ウクライナ危機を契機に、国際秩序はどう書き換えられるのか。

急速に変化する世界とその課題に直面していると感じるいまこそ、極北探検家から「難民の父」と呼ばれるようになった彼の言葉を聞き、彼の行動を知るときである。新たな時代を生きぬく道標とインスピレーションを、彼から受けとるべきである。本書は、ノスタルジックな人物伝でも、ヒーロー礼讃（らいさん）の偉人伝でもない。フリチョフ・ナンセンという人間──私たちと同じひとりの人間──が進んだ人生航路をたどり、21世紀のいま、彼から受けとるべき伝言を拾い集める旅である。

旅に出るまえに、本書の構成を簡潔に説明しておこう。大づかみでもこれを把握しておくと、「進路からの逸脱」や「難破」の危険は減るかと思う。いわば、本書の「航路標識」である。

本書は、全11章で構成され、基本的に、ナンセンの人生を時系列で物語るスタイルをとっている。ただし、特定の話題や取り組みを扱う章もあるので、ご注意いただきたい。「第1章　人生の出航」「第2章 グリーンランド横断」「第3章 前へ！ 極北へ」では、ナンセンの幼少期から青年期、そしてグリーンランド横断や極北探検について描く。おもに1861年から1896年までの出来事である。

「第4章 学者として」では、いったん時系列の並びから離れ、ナンセンの学者としての一面にスポットを当てる。「第5章 外交官として」は、ノルウェー独立と国際連盟へのナンセンのかかわりを描くが、1905年から1920年ころを中心に扱うこととする。

「第6章 捕虜の帰還」「第7章 ロシア飢饉」「第8章 難民支援」「第9章 住民交換」は、1920年以降のナンセンの人道支援活動についての物語である。各章は、表題となっている人道支援活動ごとに整理されている。この時代、ナンセンは複数の役職を兼任し、いくつかの事業に同時にかかわっているので、複雑に思えるかもしれない。その場合は、巻末に用意した「年表」と「1917年─1923年ころのチャート」で「現在地」を確認し、「進路からの逸脱」や「難破」を極力回避していただきたい。

「第10章 前へ！ 平和へ」は、ナンセンと平和の関係の解説に特化した章である。彼の晩年と私生活の一面についてふれた「第11章 永遠への出航」は、本書のエピローグにあたる。

フリチョフ・ナンセン
極北探検家から「難民の父」へ

目次

第1章

人生の出航

ノルウェー

日本でフリチョフ・ナンセンの名を知る者は多くない。対照的に、彼の母国・ノルウェーで、紙幣や切手にも印刷されたナンセンのことを知らない者はあまりいない。そのノルウェーの話から始めよう。

ノルウェーは、スカンジナビア半島西岸に横たわる国である。日本とほとんど変わらない広さの国土に、東京都民の半分を下回る数（約543万人）の国民がいる。アルマウェル・ハンセン（ハンセン病の発見者）やロアール・アムンセン（史上初めて南極点に到達した探検家）、エドヴァルド・ムンク（「叫び」で知られる画家）などを輩出。比較的新しい時代の、a-ha（トリオのポップバンド）やノーネ・ダール・トルプ（俳優）、シリ・トレロド（モデル）などにピンとくる読者もいるかもしれない。

ノルウェーは古くて新しい国だ。質実剛健が国民性である。北欧の大自然と歴史的街並みがとけあう風景は、息をのむほど美しい。スカンジナビア半島西部に位置するこの国の起源は、9世紀から続くノルマン人の王国にさかのぼる。11世紀ごろまで西欧州の人びとを震撼させ、またそこと交易したヴァイキングの拠点のひとつがここだった。彼らは、細長くしなやかな形状をもつヴァイキング船で海に乗りだし、たどり着いた未知の土地に、冒険と活動のエネルギーを惜しげもなく注ぎこんだ。

一方、名実ともに独立国となったノルウェーの歴史は意外と浅い。外交官となったナンセンの働きなどもあって、スウェーデンから完全な分離独立を果たしたのは1905年のことであった［第5章参照］。

ノルウェーの首都であるオスロは、オスロ・フィヨルドの奥に位置する緑豊かな街だ。1624年、オスロは、木造建築を灰に変えてしまう大火を経験する。ときのデンマーク＝ノルウェー王・クリスチャン4世は、川向こうのすぐ下のほうに市街地を建設して復興に励み、みずからの名にちなんでそこを「クリスチャニア」と名づけた。その後、クリスチャニアは文化と貿易の発展に支えられた重要な街となった。その名がふたたび「オスロ」に戻ったのは1925年のことである。

ナンセンの肖像が刷られた記念切手

現在のオスロの街

ナンセンの母と父

1861年10月10日、フリチョフ・ナンセンは、クリスチャニアにほど近い西アーケルのシュトレ・フレエンに生まれた。母、アデライデ・ウェーデル・ヤルルスベルグ・ナンセンは、どっしりとした風格で背丈のある女性だった。相手がだれであろうと取りつくろうことなく単刀直入にものを言う、鉄のような強い意思をもった人だった。家庭ではいつも子育てや園芸に忙しかったが、有能かつ器用な女性で、大家族の家事を効率的にまわしていた。子どもたちが成長するまで、彼らに服をつくってやったのも彼女だった。また勤勉家で、多忙な生活のなかに時間を見つけては読書や勉強にいそしみ、頭と心を磨くことをおこたらなかった。アデライデは貴族の家系出身だった。デンマーク＝ノルウェー王・クリスチャン5世時代の陸軍最高司令長官で、デンマーク支配下における最後の総督、ウェーデル・ヤルルスベルグ伯爵が祖先にいる。

フリチョフ・ナンセンの父親の名はバルヅル・ナンセン。物静かで高潔な人格者としてクリスチャニアで尊敬されていた。敬虔（けいけん）なキリスト教の信徒で、強い道徳心と使命感、責任感をもつ弁護士。おもに財務に関する仕事をこなしていた。彼は天才肌のタイプではなかった。しかし、厳格な家庭でのしつけもあってか、弁護士としての実績を着実に積むことができたという。アデライデとは正反対に小柄で細身だったが、身のこなしがエレガントで、ゆったりとした動作であっ

ナンセン家。1866年
前列右からふたりめがフリチョフ、左からふたりめが弟のアレクサンダー
［Wilhelm Peder Daniel Cappelen撮影、National Library of Norway（以下、NLNと表記）］

た。子どもたちを厳しくしつけた反面、彼らのためであればすべてを犠牲にできるような、愛情あふれる父親だった。

バルヅル・ナンセンの祖先のひとりは、17世紀の著名なコペンハーゲン市長であり、アイスランドの貿易商人でもあった。その名はハンス・ナンセン。彼は16歳のとき、叔父とともにロシアの白海に船出している。ろくに海図すら持たないこの航海は、当時としては大冒険で、途中で英国船に助けられたりしている。それは、極北探検時代のナンセン［第2章〜第3章参照］の印象と重なり興味深い。

ナンセンの父・バルヅルは前妻を産褥熱（さんじょくねつ）（感染症による産後の高熱）で亡くし、母・アデライデは前夫をコレラで亡くしていたので、彼らは再婚者同士だった。バルヅルと結婚したとき、アデライデにはすでに5人の子どもがいた。ナンセンは、アデライデとバルヅルのあいだに最初に生まれた子だった。弟のアレクサンダーは、ナンセンの出生から1年後に生まれている。

ナンセンは、アデライデの容姿と性格の多くを受け継いでいた。彼は母親同様、がっしりした骨格に恵まれ、目鼻立ちがくっきりしていた。スポーツには興味を示さなかった父親とは違い、母親と似てアウトドアスポーツを愛好した。また、みずからが最善だと思うことを実行する勇気、そして、それを他人がどう思おうが意に介さない無頓着な気質までが母親似だった。ただ、ナンセンのしなやかな所作、弱き人びとに寄せる意識、注意深く几帳面（きちょうめん）な仕事への姿勢は、彼の人生後半でより前面に押しだされるようになった。これらは、どちらかというと、父親の性格やふるまいとの共通点である。

大自然に育まれた少年

ナンセンが生まれたころ、ノルウェーでは多くの人びとが、貧困の恐怖におびえる生活から逃れられずにいた。しかし、ナンセン家はいわゆる上層階級に属していたこともあって、そのような恐怖を遠ざけられる程度に恵まれていた。ただ、ナンセン家は、質素な食事と簡素なライフスタイルをつねとしていた。

ナンセンは、とりわけ仲がよかったすぐ下の弟のアレクサンダーや、他のきょうだいとともに快活な少年時代を過ごすことができた。成長期にはあふれんばかりの好奇心を満たす機会にも恵まれた。いまでこそ拓けたシュトレ・フレエンの町だが、1860年代は手つかずの、素朴な田園地帯だった。すぐ後方にはノルドマルカ――クリスチャニア北部の森林地帯で、松の木などが果てしなく続く――が拡がっていた。

ナンセン家の周辺は、釣りにスキー、レジャーを手軽に楽しめる、のどかな場所だった。牛、馬、羊、やぎたちがのんきに歩きまわるような自然に抱かれ、ナンセンの少年時代は活発そのものだった。ときにはアレクサンダーといっしょに、犬を使って「リス狩り」をした。小川にも囲まれていたので冷たい水で遊ぶことも覚えたが、冬の氷に足を滑らせ川に落ちてしまうなど、小さな冒険も味わった。

冒険心は子どもといっしょに成長するものだ。10代になると、父親から禁じられていたにもかかわらず、森に入る衝動を抑えられなくなった。ついにある日、森林地帯の中まで足を踏み入れた。一日の冒険を終えて家に戻ったのは、日が暮れてからだった。その日、父親は何も言わなかった。だが、これ以上抑えつけることに意味を見出せなかった彼は、森に入る許可をナンセンと子どもたちに与えた。

以来、ナンセンは学校の学期が終わると、釣竿を抱え、喜び勇んで森林の中に踏み入っていった。森では大自然を相手に、サバイバル術をみずから学んでいく。日光をやさしく映す幻想的な湖のそばに、小さなあばら家を建てた。緑豊かな木々が周りを囲むその「隠れ家」で、ときには夜を過ごすこともあった。鳥たちのさえずりで目を覚まし、昨晩のうちに釣ったマスを焼きながら、パンの耳をかじる。後年、ナンセンは回想している。

「ロビンソン・クルーソーのようだった」

この素朴な自然の中での遊びと学びと経験は、ナンセンの人格と身体の形成に影響を与えた。自然に対する愛情と畏敬を育むうち、自立性と忍耐力が引き上げられ、友好的な性格が形成されていった。当時の彼は知る由もなかったが、それは、極北探検家、学者、外交官、人道支援家となるための下地づくりでもあった。

人生初の大ジャンプ

幼いころのナンセンは、アウトドアスポーツならなんでもお手のものだった。なかでもお気に入りだったのがスキー。2歳の彼にスキーの手ほどきをしてくれたのは、近所に住む5歳上の少女だった。

しばらくして、ナンセンは初めて自分のスキー板を手に入れた。しかし、兄たちからのおさがり。しかもその破片から作ったもので、古びていて、二本の板の丈が極端に短く、またその長さも違うような貧素なものだった。そんな彼を不憫(ふびん)に思ったのか、ある日、印刷屋の男性が新しいスキー板をプレゼントしてくれた。赤いラッカーで塗装されたアッシュ材製で、黒のストライプ入りだ。板は長く、青い艶(つや)出しのノブとシャフトの光沢がクールだ。ナンセンはこれをよほど気に入ったのか、10年間使いつづけた。

ヒュースビーの丘からの人生初の「大ジャンプ」に挑んだときも、このお気に入りを装着していた。大人たちはこの丘でのジャンプを禁じていたが、いつも眺めている勇壮な丘の誘惑には勝てなかった。最初のうち、ナンセンもほかの少年たちと同じように、丘の中腹でワイワイ遊んでいた。しかし、数人が頂上からジャンプしはじめたのを目撃してしまう。指をくわえてそれを傍観するような少年ではなかった彼は、頂上からのジャンプを決意する。

猛烈な速度で踏み切り台まで滑走すると、体がふわりと宙に浮いた。滞空時間は思いのほか長い。やがて、着地。やった！　しかし……当時のスキー板には、雪上にしっかり吸いつく工夫がなかった。着地したとたん、ナンセンの体は空中でみごとな弧をふわりと描き、そのまま頭上から落下して、雪に串刺しになった。長い両足だけが突きでて、頭から腰までは雪中に食い入って見えない。一瞬にして、そこにいた少年たちの周りに、沈黙という冷気の膜が張られた。

「大変だ、フリチョフの首が折れたにちがいない！」

だれもがそう思った瞬間、雪の中から必死で這い出ようともがく彼の姿が見えた。

「生きているぞ！」

からかいまじりの少年たちの笑いと叫び声は、彼らの周りに張った冷気の膜を破り、とぎれることなく頂上から麓まで滑り降りると、やがて丘全体を柔らかく包みこむのであった。

ウィンタースポーツの達人

ナンセンはスポーツ全般を好んだが、なかでもウインタースポーツをこよなく愛した。もともとこれが盛んなノルウェーというお国柄もあった。ただ、母・アデライデの影響もあった。アデライデはスポーツが好きだった。とくにスノーシューイング（かんじきで雪山を歩行するスポーツ）が得意だったが、これは当時、ひじょうに珍しいことだった。スノーシューイングは、「女性らしくない」「女性にとっては不適切な」スポーツとまで思われていた時代、アデライデは堂々とこれに興じた。スケートやスキー、水泳、狩りなどがナンセンの人生の一部となったのは、彼女のおかげでもある。

ナンセンは、幼いころからウィンタースポーツに親しんだ。立派に成長した17歳のとき、重要な大会に出場してスケート選手権を得た。さらにスケート技術を高め、翌年にはなんと1マイルスケートの世界記録を更新した。彼は、自身の身体能力の高さが、他者からの尊敬を集めることを自覚するようになった。

ウィンタースポーツのなかで彼がもっとも好んだのはスキーだった。「大ジャンプ」がきっかけで、ナンセンはスキーの練習により熱心に打ちこむようになった。それからしばらくして、ヒュースビーの丘で開催されたスキー競技に参加して受賞した。だが、彼がこの結果を家族に伝えることはなかった。受賞を恥じたのだ。彼はこのとき、生まれてはじめて、競技に挑むテレマルクの農夫たちを目撃した。テレマルクはノルウェー南部にある地方で、かねてよりスキーが盛んな場所だ。

テレマルクの農夫たちはストックを使わなかった。身ひとつで雪の丘に向かい、ただ飛び、両手を鳥の翼のように拡げて着地する。いっさいの装飾を排した無骨な精神だけが表現できる優美さ。そのときに信じるのは、己の筋力と強靭でしなやかな姿勢のみ。そのほかは何もない。いや、何もいらない。ナンセンは決意にも似た感情を抱いた。

「これを習得できないなら、僕は受賞に値しない」
ちなみに、スキージャンプ競技に「テレマーク」という技術がある。着地するときに両腕を水平に開いて両足のスキー板を前後にずらし、ひざを曲げて腰を落とすものである。この名の由来はテレマルクの地名にある。

テレマルクの農夫たちのスキースタイルは、はるかに難易度の高い型だったが、ナンセンはあえてこれを習得した。やがて彼はスキーの達人となる。とりわけ競技者としての才能は傑出していて、国際クロスカントリースキー選手権では12回連続優勝という快挙をなしとげている。少なくともノルウェーでは、偉業の部類に属することだ。やがてスキーは、ナンセンの人生を語るうえで欠かせない一本の軸となる。

「われわれとスキーと自然は渾然一体となる。ただ身体を鍛えるばかりでない。心をも高め育てるものである……」
ウインタースポーツに親しみ、挑戦することを通じ、ナンセンは強靭な身体と持久力、精神力を手に入れていった。だがもうひとつ、ウインタースポーツから学んだ人生の教訓がある。

「簡単な方法と困難な方法があるときは、後者を選ぶべきだ」
彼にとって、簡単な方法の選択は恥ずべきこととなった。

大学へ——動物学を専攻する

ナンセンのあくなき好奇心と物事を探求しつづける熱意は、ときには周りを当惑させ、ときには驚かせた。母親が使うミシンの構造が知りたくなると、たちまちこれを分解してしまった。しかし集中力はずば抜けていて、それをもとどおりに組み立てるまで手を休めることはなかった。いったん物事に取り組みだすと、食事も忘れ、あるいは靴下の片方だけを履いたまま身じろぎひとつせず、物音ひとつ立てず、じっと前をみて考えこむような子どもだった。

アウトドア少年だったナンセンにとって、雨などの悪天候が天敵だったかというと、そうでもない。そんなときは家にこもって読書にふけった。幼いころのお気に入りは、未知の海を渡って恐ろしい敵と戦い、勝利を手にするまでを描いた海賊ものなどだった。ブリュンヒルドの物語もよく読んだ。ブリュンヒルドとは、スカンジナビアでよく知られる賢明な女性戦士のことである。

活字に親しむうち、英語で書かれたジョン・フランクリンの人物伝にも出会った。フランクリンは、カナダ北極圏の航路開拓の探検中に命を落とした、英国出身の実在の探検家である。その人物伝は、ナンセンの想像力に火をつけた。とくに熱心に考えたのは、フランクリンが失敗にいたった理由だった。またナンセンは詩にも親しみ、ノルウェーや英国の詩人の詩集を暗唱することも楽しみのひとつとなった。

深い洞察力を身につけるまでに成長したナンセンは、やがて同年代の友人たちから一目おかれる存在になる。通っていた私立校では、言語から数学、体育にいたる全科目で優秀な成績をおさめた。彼は何にでも関心をもったが、とくに科学とスケッチに秀でていた。ナンセンの進路について、父親は当初、士官学校への進学を助言していた。学費が無料だったし、息子の大好きな自然と触れあう機会も多かろうというのがその理由だった。だが結局、ナンセンは、大学進学を決意する。

ふり返れば大学時代が人生の節目だったと感じる読者もいるのではなかろうか。ナンセンにとっては間違いなくそうだった。科学への好奇心とアスリートとしての心身両面での能力、スケッチを通じた芸術的興味、冒険へのあこがれが融合しはじめたのは大学時代だった。母を亡くして3年後の1880年、ナンセンは大学入学試験を受け、当時、ノルウェー唯一の大学であったフレデリク王立大学（現・オスロ大学）に入学が認められた。翌年大学に入学するが、関心はかなり多岐にわたり、能力も高かったので、専攻の決定は難しかった。大学入学後はとくに物理学と化学を好んだが、最終的に動物学を専攻することにした［第4章参照］。

大学では科学の勉強を真摯にこなしていたナンセンだったが、おおかたの教授陣の目には、図抜けて光るものをもっている学生には見えなかった。せいぜい、「ナンセンはやればできるタイプ」という、未来の可能性を摘まない程度のありがちな評価だった。しかし、大学1年生の1881年12月、彼は試験で学年の成績優秀者に選ばれた。

フレデリク王立大学に入学したころ
[Ludwik Szaciński de Ravics撮影、NLN]

ちょうどそのころ、大学の動物学部が、北極圏から海洋生物の標本を採取して持ち帰ることのできる学生を募集した。このような機会があれば逃さぬようにと、以前から大学の指導教員に助言されていたナンセンは、迷わず志願し、みごとにこれを射止める。だがここだけの話、志願したのは彼だけだった。

大学から家に帰る途中、ナンセンは、長身で黒ひげをたくわえ、輝く黒い瞳をもつ男性を見かけるようになった。丘に向かって進む彼の一歩一歩は自信にあふれ、その背中は冒険というマントをまとっているように見えた。彼の名はアクセル・クラフティン。ナンセンが乗船することになる、アザラシ狩りのための650トンの大型商業船「ヴァイキング号」の船長だった。当時30代前半のクラフティンは界隈(かいわい)では船長として、またハンターとして、すでによく知られていた。アザラシは当時、その皮だけではなく、油にする脂肪にも需要があったのだ。また、当時のノルウェーには専門の極北探検家がまだいなかったので、彼のような海の男は探検家としての役割も担っていた。

ようこそ、氷の世界へ

20歳になったナンセンのヴァイキング号への乗船は、彼の極北への情熱が発火する瞬間でもあった。1882年3月、クラフティン船長とナンセンを含め62人を乗せたヴァイキング号は、グリーンランドの方向に出航した。

だが、出航直後から黒い雲が空を覆い、天候は嵐へと向かう。ヴァイキング号は大揺れ、ナンセンはひどい船酔いに苦しんだ。船上でバランスをとって歩けるまでには数日が必要だった。彼はその後の人生で幾度も長い船旅を経験することになるのだが、意外なことに、船酔いを完全に克服することはできなかったという。

ところで、当時のアザラシ狩りの船の評判だが、あまり褒められたものではなかった。船は粗暴、船員ときたらもっと粗暴。そんなところだった。しかしナンセンにとって、ヴァイキング号は居心地のいい場所だった。船酔いにある程度、慣れさえすれば、なんでも食べたし、いつでも寝ることができた。なにより、彼は「人間好き」だった。ヴァイキング号の船員のように猛烈に働き、おおらかに笑いながら危険と対峙(たいじ)するような人びとのことを嫌いにはなれなかった。

当初、酒を飲みながら上品とはいえないジョークを飛ばす荒くれ者たちと、海洋・気象観測などを行ないデッキで静かに本を読むナンセンとのあいだに流れる空気は微妙だった。ナンセンは船賃代わりにロープを結い、部品を磨き、調理室を掃除した。アザラシ狩りが始まると、それにも加わった。だが、ナンセンは血を見る作業が嫌いだった。アザラシの皮と脂肪をナイフで切りとり、死骸は海に放りこむ。あるいは浮氷の上に遺棄する。彼は思った。

「総じて、人間の情緒を高貴ならしめる仕事ではない」

そのような時間と空間を共有しながら、やがてナンセンは、風変わりな乗客ではなく、船員のひとりとして受け入れられていった。クラフティン船長も後年、ナンセンとの交流を含めじつに楽しい旅だったと回想している。

ヴァイキング号がとった航行法は、ナンセンにとって興味深いものだった。流氷帯の中に入り、船を自然にまかせて「漂流」させるのである。その漂流に入るまえの、ある夜のことを、ナンセンは生涯忘れなかった。

海面に目をやると、闇の中でぼんやりとしてはいるが、何か白いものが浮かび上がってきた。それはむくむくと成長し、淡い輝きをかすかに帯びながら、流氷の形となっていった。独特の芳香も放っている。ヴァイキング号がそのあいだを進むと、流氷は海上の路を譲り、船から離れていく。いまナンセンが目にした光景、それは新世界への招待状だった。

「ようこそ、氷の世界へ」

調査団員としての作業を続けるうち、彼はやがて心の奥底に横たわるみずからの思考と感情をはっきりと自覚できるようになった。孤独と静寂、野生の雄大な神秘に満ちた無限の海に囲まれながら、己と向きあった。彼は完全に、極北の奇態にたたずむ冷厳の虜となっていた。

ナンセンが日記をつける習慣を身につけたのはこのころである。また、この風景は、ナンセンの芸術的感性を強く刺激するきっかけともなった。だが、この異形美をたえず言葉で書きとめようとしても、あるいはスケッチでとらえようとしても、思ったようにいかず、ただもがくのだった。

ナンセン(左)とクラフティン船長。ヴァイキング号の前で、1882年6月〜7月[NLN]

グリーンランドに心奪われて

青緑の色彩をたたえる海の向こうに悠然と横たわるグリーンランド。ナンセンがこれに心奪われたのは、1882年6月下旬のことだった。

グリーンランドの東海岸にさしかかるころ、ヴァイキング号は流氷帯の中で身動きがとれなくなっていた。そこで、まだ彼方にある未知の陸地を見るため、ナンセンは望遠鏡をつかんでマストによじ登った。見張り台にたどり着き、顔をあげると、見たこともない景色が視界に飛びこんできた。それは、不毛の断崖に氷をのせた山々、その向こうで陽の光を抱擁する雄大な雪原だった。

グリーンランドの内陸の奥の雪原に踏みこんだ者など、おそらくほぼいなかった時代である。当時、イヌイットは、内陸までは入っていなかっただろうが、東海岸には上陸していた。彼らは語っていた。

「そこは氷と死の陸地で、氷の巨人が北光の下で舞踏している」と。

スウェーデンの探検家、アドルフ・エリク・ノルデンショルドは語っていた。

「広い大地の内陸の気候は意外にも比較的温暖かもしれない」と。

だが、ナンセンは疑った。

「そこへ行かないで、どうしてわかるんだ?」

そこに何があるのか、ナンセンはみずから確かめたくなった。あの渓谷に分け入り、あの峰々を渡り、あの雪原を見渡すとき、自分の五感がとらえるのは何か? 山頂の彼方には何があるか? 雪原の真の姿は?

ヴァイキング号での4か月の旅は、ナンセンがつぎに進むべき方角を示す道標となった。

「私はここに戻ってこなければならない」

そしていつか、グリーンランド内陸の真ん中にある氷塊まで行きたい。そんな冒険をしたい。彼の夢は、ヴァイキング号の旅から始まった。それから約6年後、彼はこの夢に挑むことになる。

第2章 グリーンランド横断

おきて破りの逆ルート

ヴァイキング号の旅から戻るとすぐ、ナンセンはベルゲンで博物館の自然史資料収集学芸員となった［第4章参照］。博物館での研究時代、ナンセンはある夢を心の中で静かに温めていた。それは、世界最大の面積をもつ島、グリーンランドの氷冠（山頂部をおおう氷河）を越えることだった。きっかけのひとつは、ヴァイキング号の旅での、グリーンランドの輝く峰々や、その向こうに横たわる白い大地との衝撃的な遭遇だった［第1章参照］。

もうひとつは、1883年、スウェーデン系フィンランド人探検家で、明治時代の日本に滞在したこともある、アドルフ・エリク・ノルデンショルドによるグリーンランドの報告に接したことだ。氷と雪に覆われた広大な島に関する彼の報告は、ナンセンの好奇心をさらに刺激した。極寒、不毛の島の内陸に足を踏み入れ、横断した者は、少なくとも記録上は皆無だった。

ナンセンは、そこがどのような場所なのか、自分自身の目で確かめたかった。ただし、若い冒険家らしい好奇心だけではない。ベルゲンで学者の卵となっていた彼は、風や気候、雪、結氷といった科学的データが、北大西洋の気象予報にとって価値があるものと見込んでいた。実際、当時の科学学会の関心もグリーンランドに向けられていた。

デンマーク人が入植している西海岸に上陸して内陸に入り、Uターンして戻る。これが、それまでのグリーンランド探検の常識であり、暗黙のおきてだった。東海岸は、極地の海流に押しつけられる流氷帯の中にほぼ年中閉ざされた場所だったので、荒涼とした東海岸で船は待機できなかったからだ。もちろん入植者もいない。東部グリーンランドに流された船が流氷につかまり、こっぱみじんに散った悲劇もよく知られていた。だから「横断」という発想は、それまでなかった。しかし、ナンセンは1886年から、この常識に挑戦する計画を立てはじめる。それはつまり、グリーンランドの横断である。

そのころ、父親のバルヅルはひじょうに弱っていた。父にはどんな心配もかけたくない。まして や悲しませたくない。それは危険な旅であるし、2年くらい父と会えないかもしれない。そんなことを思っていた矢先の1886年、バルヅルはこの世を去った。

翌年、ナンセンはグリーンランド横断計画を世に公表した。出発地はアンマサリク西のセルミリクフィヨルド周辺、到着目標地はディスコ湾のクリスチャンスホーブ。つまり、直線距離で600キロメートルのグリーンランド横断である［47ページの図参照］。人びとの多くは、これを浅はかで荒唐無稽なアイデアだと受けとった。人が住んでおらず氷に閉ざされた東海岸に上陸して、西をめざすという逆ルートはあまりに安直で、クレイジーにすら思えたからだ。西から出発したなら、来た道を引き返せばよい。しかし、東海岸出発なら、船が待てない出発地への後戻りはきかない。助けもこない。進む道はただひとつ。前へ進むのみ。

「退路を断つ」ことで前進する道だけを残し、目標達成の動機を堅持するという姿勢は、青年期のナンセンが人生の局面に立たされたときの、きわだつ特徴となった。彼は後年、こう語った。

「退却の道を確保することは大きな賞賛を受けるが、目標に到達したいと思っている人びとにとっては罠である。私はいつもそう思っていた」

グリーンランド横断計画でもうひとつ人びとを驚かせたのは、その手段だった。それはスキーによる横断である。当時、移動手段としてのスキーの有効性は未知数だった。スキーヤーが内陸の氷を横断するという発想自体が、そもそもなかったのである。おきて破りの逆ルートとスキーでの横断はあまりに独創的だったので、ナンセンは猛烈な批判の雪嵐にさらされた。しかし彼は、計画が実現不能などとは思っていなかった。それには彼なりの勝算の根拠があった。

まず、自分自身の経験である。ヴァイキング号での「漂流」の実体験を通じ、ナンセンは、東部グリーンランドの叢氷（風によってつみ重なった、海に浮かぶ氷）を感覚的に理解していた。そのた

グリーンランド

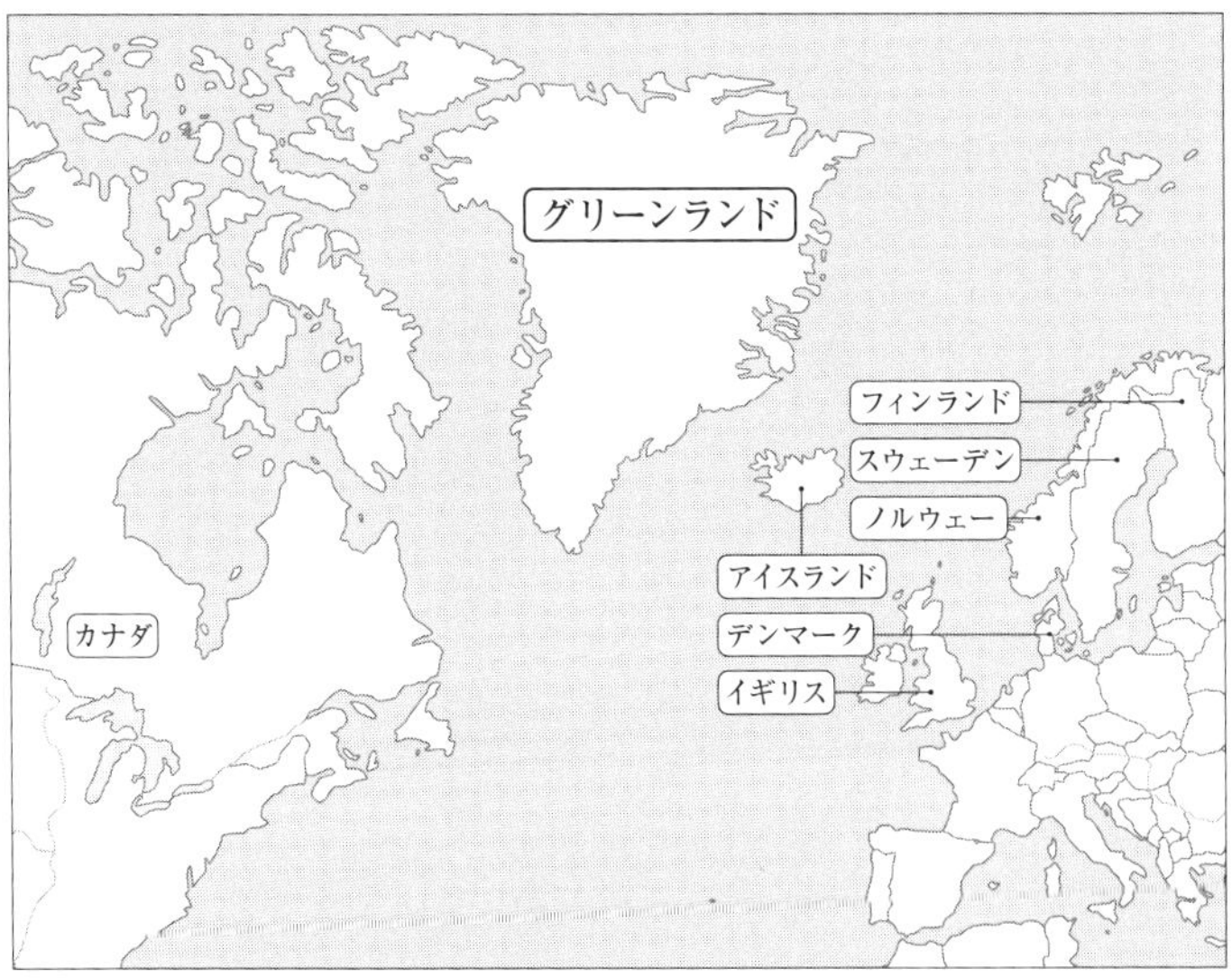

Rainer Lesniewski/Shutterstock.comをもとに作成

め、小さなボートを引いて叢氷を渡ることができると考え、仮にそれができなくとも、氷のあいだの水路を小型ボートで進めば、東海岸から上陸することは可能だと確信していた。

スキーでの横断の決断は、彼自身の腕前と技術への自信だけで下したのではない。ノルデンショルドの助言も貴重だった。ナンセンがストックホルムに彼を訪ねたさい、ノルデンショルドは自身の経験にもとづき、グリーンランドの移動にはスキーが理想的であると示唆してくれたのだ。この言葉に勇気づけられ、ナンセンのスキー横断のアイデアは大きく前進するのであった。

だが、乗り越えなければならない難題があった。そのひとつは、いつの世も冒険や夢とセットになってきた、避けては通れないもの。お金だ。ナンセンは、予算補助をフレデリク王立大学に申請した。彼が計画を説明すると、未踏の地の調査が科学に貢献するところがあると判断し、大学は遠征費用をノルウェー議会に要請した。ところが、世間に巻き起こった嘲笑（ちょうしょう）や抗議の嵐はすさまじかった。

ある新聞は、こう問うた。

「なぜ政府は、若い一ノルウェー人のグリーンランド横断遊山旅行の金を支給する必要があるのか?」

ベルゲンのある週報は、演劇か音楽会の告知のように書きたてた。

「公演！　来る（きた）7月、博物館管理者フリチョフ・ナンセンはグリーンランド奥地氷上において、長距離ジャンプつきスキー滑走の公演を行なうであろう。氷河の割れめに上等席の設置あり。帰路の切符不要」

世間の反応にしりごみした大学は、遠征費拠出の議会への申請を取り下げてしまった。しかし、ナンセンに揺らぎはなく、遠征を断念するつもりなどなかった。自身の蓄えを使う覚悟だったのだ。だが結局、この状況を見ていたコペンハーゲンの富豪の商人が資金提供を申し出てくれた。おかげで、費用の工面はどうにかついた。

出発と足止め

未知の遠征で成功を手中に収めるには、将来の困難を徹底して予測し、細部にいたるまで細心の注意を払うとともに、すべてを周到に準備しておく必要がある。ナンセンは、未来の行動を入念に計画する能力を高めようとしていた。今回の探検もその機会だ。衣料品から履物、スキー、調理器具、テント、食料、科学調査用の機材にいたるまで、遠征に必要な装備や設備について計画を練った。

探検隊も組織した。隊長のナンセンのほか、2人の軍隊の中尉、2人のサーミ人（スカンジナビア半島北部に居住する先住民）、そして副隊長のオットー・スヴェルドラップの計6人で構成された。なかでも、ナンセンのスヴェルドラップへの信頼は厚かった。彼は農民であり、スポーツマンであり、また熟練の船乗りでもあった。

グリーンランド探検隊の旅は、1888年6月4日、うまく便乗させてもらったアザラシ猟船「ジェイソン号」のアイスランド出港で幕開けした。ナンセンがフレデリク王立大学から博士号を授与されたわずか4日後のことだった［第4章参照］。出港時、ほとんどだれも――とくに学術関係者は――、彼らが生きて戻れるとは思っていなかった。

7月半ばのよく晴れた日、探検隊はアンマサリク近くの海岸から60～70キロのところにいた。前途洋々に思えたのも束の間、彼らはいきなり出鼻をくじかれた。ジェイソン号は流氷を押し分けて進むも、例年にないほど広い叢氷の帯が海に敷きつめられていて、進むに進めないのだ。グリーンランドの山々の頂上が目視できるのがまたうらめしいが、事態の改善を待つほかなかった。

7月17日、探検隊は、叢氷の端から沿岸までの距離が20キロであることを確認した。そこで決断する。ジェイソン号にあるふたつの手漕ぎボートを使って叢氷を渡り、岸に到達しようというのだ。2～3時間もあれば上陸できるだろう。そんな予測に立ち、自分たちの安全を守ってくれたジェイソン号から離れ、ボートを漕ぎだした。

だが、その予測は楽観的すぎたようだ。氷と悪天候にはばまれ、海岸攻略は困難をきわめた。向かい風と海流が、彼らをはるか南に押しやったのだ。簡単に思えた海岸到達に、結局、15時間も費やすこととなった。

流氷上の綱渡り

7月19日には天候が回復したのでボートを漕ぎはじめたが、それをふたたび氷上に引き上げなければならなかった。急速に南下してきた海流に巻きこまれたからだ。翌日には波が高くなり、流氷の上を越えはじめた。もともとは直径30メートル程度の流氷だったが、やがて小さな氷へと砕け散った。ナンセンたちは、大きくて厚い氷の上になんとか移ることができたが、事態はあいかわらず芳しくなかった。まるで氷の綱渡りだ。

乗り換えた流氷は嵐の中の葉のように揺れ、やがて原型をとどめないほど細かく崩れていった。彼らは休息のためのテントを流氷の端に立てていたが、大きな氷山が近くにある。それが上下に揺れ動いていたため、氷の塊がいつテントの上に落ちてくるのかわからない。すべてが絶望的に思えたそのとき、彼らの乗った流氷が突然、方向転換し、予想外の速度で陸に向かって進んでいった。彼らは危機的場面を劇的に切り抜け、生き延びることができた。氷のきまぐれ。幸運。それにつきる出来事だった。

数日後、ボートが進水できるほど流氷が薄くなった。ナンセンたちはノルウェーとデンマークの旗をなびかせながら、流氷のあいだをぬって、ボートを漕ぎはじめた。ジェイソン号を降りた場所から南へ380キロの地点に流されたので、いまやるべきことは、ふたたび北上することだった。しかし、崖(がけ)から落ちてくる岩のせいで危険にさらされることもたびたびあり、海岸沿いの北上はつねに死と隣りあわせだった。

上陸から横断へ——氷床の崖登り

8月10日、彼らはついに氷のない入江を発見して、上陸した。ここからいよいよ内陸に足を踏み入れるのだ。グリーンランド横断のスタート地点に立ったというわけだ。しかもそこは、当初予定していたセルミリクフィヨルドではなく、150キロ以上南に下ったウミヴィックだった。

ナンセンは付近を調べたうえ、そこを出発点とするよう計画を変更し、スキーによる横断の準備を始めた。ゴールとなる到達地に変更はない。計画の遅れのため、出立の用意が整ったのは、ジェイソン号を離れてからほぼ1か月後、北極圏の短い夏が終わりを告げようとする8月15日のことだった。

彼らは100キロ以上の荷を積んだ5つのソリを引き、初日には4キロ、標高180メートルの高さまで進んだ。8月27日には、標高1880メートルの高さにまで達することができた。しかしそこからは未知の領域で、どこまで登らなければならないのか、かいもく見当がつかない。正しいコースを維持するために、毎日、自分たちのいる位置が忠実に記録され、気象観測は数時間ごとに行なわれた。

信じられないような危険と苦労が彼らを待ち受けていた。ひどく骨の折れる遠征だ。天候が悪化すると、数日間はテントに足止め。道は徐々に平らになってきたが、それでも、ソリを引っぱりあげなければならないほどの急勾配がいくつかあった。苦痛に思えるほど単調な日々が続くこともあった。雪の状態は悪く、細かい雪はまるで砂のようで、彼らは「白い砂漠」に囲まれていた。夜の気温はおそらくマイナス40度以下、日中でもせいぜいマイナス20度からマイナス15度のあいだだった。強風にも悩まされた。

ナンセンは判断を迫られた。彼は到着地を変更し、ゴッターブを新たなゴールに定めることにした。隊員たちも、この決定を歓迎した。

周りを雪や氷に囲まれていても、飲料水はつねに不足した。服にひそませたヒップフラスコで雪を溶かして飲料水を確保したが、いかんせん量が少ない。加熱のために使える燃料が限られていたのだ。水の塊であるはずの氷や雪だけに囲まれながら、皮肉にものどの渇きは癒せない。脱水症状も出はじめた。あまりタバコを吸わないナンセンは、木の一部をガムのように噛むことがあった。この嗜好品には、口内を湿らせ、のどの渇きを防ぐ効果があることをこのとき学んだ。

極寒地の遠征にどんな食料をどの程度持っていくかは、その遠征の成否の鍵であり、また生死にかかわるほどの重要事項である。この遠征では、重荷とならないよう気を使いながらも、栄養に富んだ食料が厳選された。スウェーデン製のビスケット、チョコレート、砂糖、レモンパウダーなどである。これらに共通するもうひとつの利点は、凍結しないことだった。

だが、計算違いだったのが、極寒地で貴重な脂肪源になるはずだったペミカン（干し肉やドライフルーツなどをラードで固めた携帯保存食）だった。配合に誤りがあり、ペミカンの脂肪分が不足していたのだ。そのため、彼らは栄養面でも苦しむことになる。脂肪摂取への渇望が絶えずつきまとい、特別なときに配給される大好物のバターを大きな塊で食べることは、最高の楽しみだった。また、そのときどきの目標地点が達成された場合などに、ごほうびとして自分たちにふるまうジャムやコンデンスミルクも格別だった。

彼らは氷冠に接した険しい崖を登り、9月初旬には標高3000メートル近い地点を通過することに成功した。そこからは比較的楽なスロープだ。当初の予定よりはるか南のルートに沿って、氷塊を横断した。沿岸に着く手前で、落氷で道を見失いそうになることもあったが、どうにか切り抜けた。目的地目前となった探検隊は、ソリや荷物の一部を放棄し、海の方向に歩いた。そして9月26日、彼らはついにフィヨルド沿岸にたどり着いたのであった。

そこはゴッタープからわずか南にずれた場所で、目的地に出るための陸路はない。だが、堤防沿いの多くの場所で、高さ2メートルの柳とハンノキの茂みを見つけた。ナンセンと副隊長のスヴェルドラップは、これを材料に、移動手段となるボートを造ることにした。船体の骨格には2本の長い竹と1本の竹製のスキーストックを使った。側面には柳の枝を利用した。ボートの骨格ができあがると、テントの床としていた厚手の布をそれに貼りつけた。すると、全長2・5メートル程度の、なんとも独特な姿の、もっと率直に言えば、装飾性のかけらもない、じつに不格好

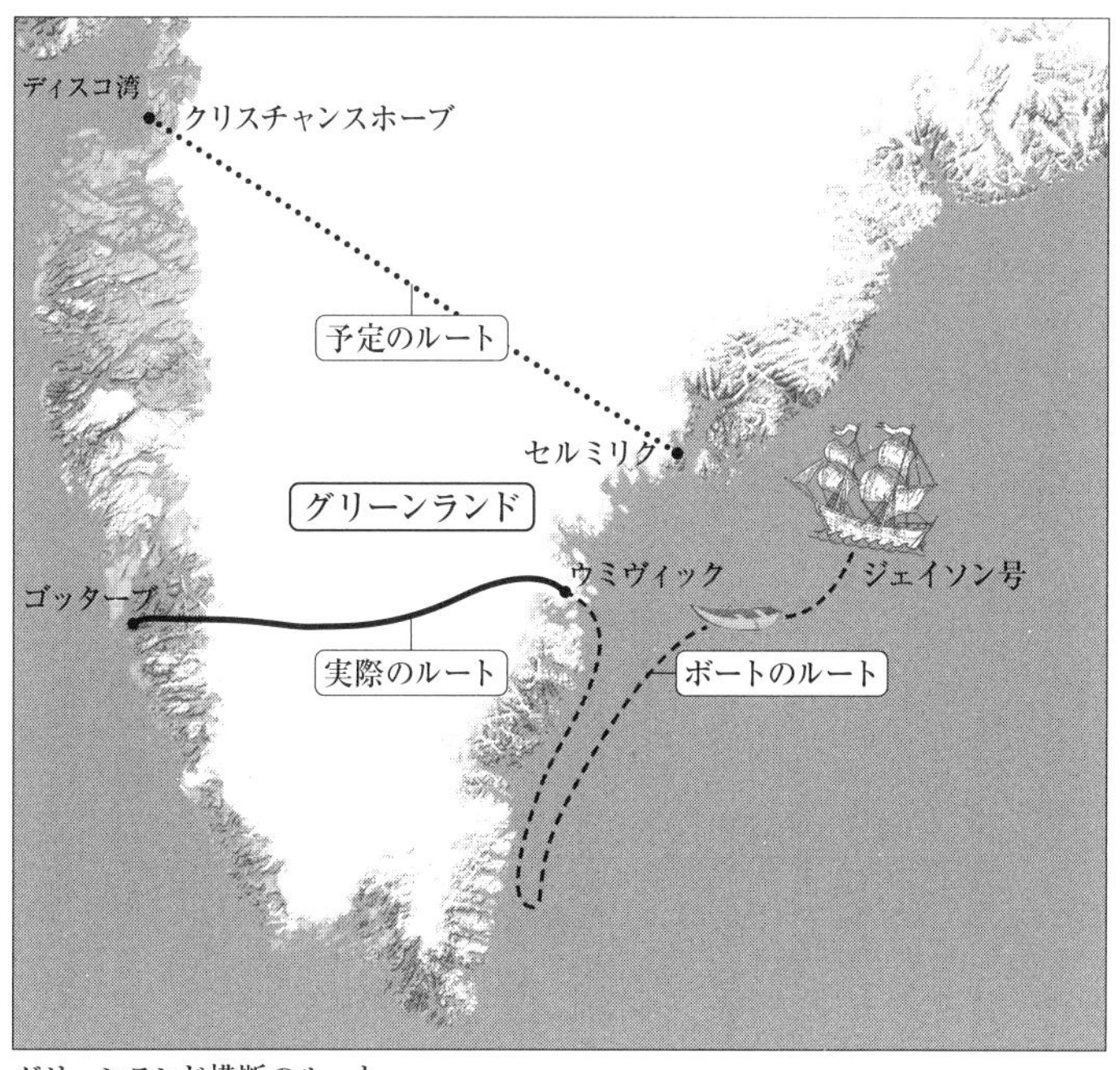

グリーンランド横断のルート

ソリを引く隊員たち。1888年8月〜9月［ナンセン撮影、NLN］

なボートが仕上がった。

フォーク型の柳の枝でこしらえたブレードを竹の棒の先に刺した、4本のオールも用意した。衣服やライフル、弾薬、備品などを詰めこむと、9月29日、ナンセンとスヴェルドラップは、この自作ボートで海に滑りだした。ほかの4人の隊員たちは、放棄したソリや荷物を回収するため、ここでいったんふたりと別れた。

見栄えはさておき、急ごしらえのボートでふたり旅を続けた。1週間もたたないうち、彼らはイヌイットのいくつかの家を見つけた。家の中から彼らが流れ出てきて、指をさし、身振りで話しかけてきた。

目的地のゴッタープに到着すると、そこに入植しているデンマーク人から夕食に招かれた。数か月ぶりに、ナンセンたちは頭を洗面器につけ、そして全身を洗った。きれいな下着に替え、自分たちがピカピカの新品にでもなったかのように感じた。ソリや荷物を回収しにいった4人の隊員も無事ゴッタープに到着して、ナンセンたちと合流した。

イヌイットと過ごした日々

目標は達成した。これで家に帰れる。そう思ったのも束の間、その年の最後にグリーンランドを離れる定期船は8月で終わっていたことを知らされる。翌年春まで船はないということだ。なんということだ……。ゴッタープにとり残されてしまった。

ナンセンはそこで、ある決断をする。1888年の冬をイヌイットとともに過ごし、翌年の春を待つ。その間、彼らの文化と習慣を学ぶ、というのだ。彼はこれを決行し、その成果は『エスキモーの生活』という書籍として翌年出版された。ちなみに現在では、「エスキモー」という用語は差別的という理由で使用が避けられており、グリーンランドに居住する集団については「イヌイット」と呼ぶことが一般化している。

この著書ではイヌイットの生活がじつにいきいきと、また克明に描写されている。その内容は、容姿や衣服、カヤック、住居、テント、ウミアック(全長6メートル程度の皮張りのボート)といった有形から、海洋生活の様子、言語、娯楽、結婚、葬儀、文学・芸術・踊りなどの無形におよぶ。それだけではない。イヌイットの人柄、女性の立場や仕事、人びとの道徳観や正義観、宗教的信念にいたるまで考察している。

たとえば、「司法手続き」を、ナンセンはこんな具合に描いている。イヌイットが他者の不正を訴える術をもたないと想定するのは誤っている。彼らの社会にも司法手続きがある。だが、それはきわめて独特だ。東海岸では、夏の集会のテントの中で、参集した人びとにとり巻かれた「訴訟当事者」が向かいあって立つ。訴訟当事者はタンバリンや太鼓を打ち鳴らしながら、相手の悪行をからかうような歌を交互に歌い、踊る。そして、より大きな笑いをとったほうに「勝訴」の旗が上がる――。ナンセンは妄想せずにはいられなかった。もし、この訴訟制度を欧州各国が採用したなら、もう少しおおらかな社会になるのではないかなどと。

イヌイットとひと冬を過ごすあいだ、ナンセンは言語や風習のみならず、アザラシ狩りの方法といった具体的なサバイバル術を習得していく。カヤックの知識と技術も吸収したが、それは、のちの極北探検で活かされるのであった。

彼らと寝食をともにするうち、ナンセンは、当時「原始的」といわれていたイヌイットに敬意を抱くようになっていた。彼は著書でこうまとめている。

> 彼らは手つかずの、自然のままの魅力的な人びとであり、彼らには簡素な社会的関係と生き方がある。羨望を抱いたり、階級の違いによって貪欲になったり、妬んだりすることがない。

さらにこの著書のあちこちでナンセンは、母国ノルウェーを含め欧州がイヌイットを力ずくで支配し、彼らの独自の社会や文化、歴史、そして尊厳を顧みなかったことを批判している。そのエッセンスは前書きにも記されている。

> 人種の衰退に同情の念を禁じえない。この衰退は、おそらくもう、だれも止められないのだろう。すでに、われわれ欧州の文明化という毒を注入されてしまったのだから。

彼らイヌイットとの出会いは、ナンセンの人生観の転機ともなった。文化・風習はもとより人生哲学までまるっきり異なる人びとと日常をともにすることで、ナンセンは、自分が属する社会や自分自身までも相対化し、客観視するようになっていた。彼らとの交流は、その独自の生き方や社会を尊重して行なわれることが前提であった。それこそが、よりよき未来を生みだす鍵であることを学んだ。イヌイットと過ごした経験は、ナンセンの後年の国際連盟での活動に、けっして小さくはない影響を与えるのであった。

凱旋帰国

1889年はナンセンにとって、祝福に満たされた年だった。探検隊を率い、記録上人類初のグリーンランド横断を無事成功させ、デンマークの船で帰国したのは、この年5月のことだった。ノルウェーに戻ると、27歳の彼は一躍、時の人となっていた。クリスチャニアでは、楽団の演奏と大砲、蒸気船の艦隊とともに、岸壁を覆うほどたくさんの人びとの歓声に迎えられた。タイミングも絶妙だった。スウェーデンとの連合はノルウェーにとって納得いくものではなく、鬱々としていた人びとは、国民的英雄の登場に飢えていた。彼らの目に映るナンセンはヒーローそのものだった。

この年にはまた、母校のフレデリク王立大学動物学研究所の学芸員職に着任。ロンドンの王立地理学会などから講演の招待も受けた。翌1890年には『初のグリーンランド横断』を出版。この書籍には、彼自身が撮った写真や描いたスケッチも収められている。複数の言語に翻訳されて出版され、極地探検とナンセンへの世間の関心を高めることとなった。またこの書籍は、グリーンランド内陸部について新たな科学的知見を提供するものでもあった。そして、本の出版でナンセンが得た印税は、彼のつぎの挑戦、つまり極北探検の財源の一部にあてられるのだった。

ところで、ナンセンのグリーンランド横断によって、世界の関心が向かった先がある。それはスキーである。移動のための交通手段が限られていた時代、積雪で生活が厳しい地域では、スキーが最適な手段だとナンセンは考えていた。『初のグリーンランド横断』では、まるまる1章をスキーの説明にあて、世界中のスキーの歴史からスキー板の用途まで、こと細かく書いている。ナンセンはグリーンランド横断により、スキーの普及者にも仲間入りしたのであった。

エヴァとの結婚

1889年の秋には、もうひとつの大きな祝福が待っていた。結婚である。ナンセンは多くの女性を魅了した。彼女たちはどうやら、ナンセンのギャップにやられたようだ。生真面目で勇敢である反面、ときには心もとなくふがいない。頼れる大人に見えるのに、そのじつ、夢を追いつづける少年のよう。エヴァ・サーシュも、そんな彼に惹かれた女性のひとりだった。

ナンセンもまた、3歳年下のエヴァに夢中だった。理由のひとつは、彼女がアウトドア・ライフを愛する人で、優秀なスキーヤーだったからだ。ふたりの出会いのきっかけもスキーだったという。それ以上にナンセンが魅力に感じたのは、彼女が強い感性をもち、情に厚い人物だったことだ。なにより、エヴァは真摯にナンセンに向きあう女性だった。

エヴァは絵を描くことを好み、芸術的感覚をもちあわせた人だった。なかでも彼女の心をがっちりつかんだのは、音楽だった。1887年にメゾソプラノ歌手としてデビュー。批評家たちから賞賛され、愁いと懐かしさが同居するロマンチックな歌声と評された。ナンセンとエヴァは1889年8月に婚約し、翌月に結婚。新婚旅行はナンセンの仕事も兼ね、ストックホルムを訪れた。

エヴァの父親はルーテル派牧師から転身し、フレデリク王立大学で動物学教授となったミハエル・サーシュ。深海生物学のパイオニアのひとりだった。エヴァは、彼女のきょうだいたちのお気に入りだった。そのひとりはプランクトン研究の先駆者として知られる海洋生物学者、オシアン・サーシュ。もうひとりは、歴史家のエルンスト・サーシュ。エルンストは、政治的にはノルウェー自由党に理論面で貢献した人物である。彼の存在は、ノルウェー独立運動のさい［第5章参照］、ナンセンの思考と行動に作用したといわれる。

妻エヴァとナンセン。1889年［Elliot & Fry, NLN］

エヴァ・ナンセン。1898年［Christian Gihbsson撮影、NLN］

第3章

前へ! 極北へ

不思議な漂流物

船舶技術の飛躍的発展や気候変動による海氷融解によって、北極はいまや新たな「レジャースポット」になった。「庶民が気軽に」とまではいかないが、ぜいたく用予算の都合さえつけば、北極点をめざすクルーズに参加できる。氷を砕きながら進む原子力砕氷船は室内温水プールを備え、氷上のハイキングやバーベキュー・パーティーがツアーに組まれている。しかし、ナンセンが生きた時代には、北極はまさに最果ての地。侵入を試みた者たちは、ことごとく極寒と氷壁にはばまれた。極地探検は、「レジャースポット」へのお出かけとはほど遠い、命がけの挑戦だった。

国際的に注目される新進気鋭の学者でありながら［第4章参照］、探検家としてグリーンランド横断を成功させたナンセン。ノルウェー国内での評判はうなぎのぼりだったが、栄光にひたるひまもなく、また、どこかに落ち着こうという気もさらさらなかった。彼の心はすでに、グリーンランド沖に打ち寄せられた流木の謎に奪われていた。当時、流木はアメリカ大陸産の松だと信じられていた。だが、気になって調べると、その多くは、じつはシベリアから流れ着いたものだった。いったい、どのような経路をたどって、グリーンランドまでたどり着いたのか？

かつて沈没した「ジャネット号」の遺留品が、沈没現場から数千キロも離れた南部グリーンランド沖に流れ着いているのが1884年に発見された。防水パンツや貯蔵品目録などだ。ジャネット号は、ジョージ・デロングを隊長とする極地探検隊を乗せた米国の船だった。1879年、ベーリング海峡を通りぬけようとした瞬間、新シベリア群島沖で氷に閉じこめられた。21か月にわたり漂流したあげく、氷に押しつぶされて無残に沈没した。隊員たちはソリでシベリア本土へ向かったが、デロング隊長をはじめ大半は命を落とした。

ノルウェーの気象学者、ヘンリック・モーン教授は、ジャネット号からの漂流物が北極を通過してグリーンランドに流れ着いたにちがいないと推論し、そこに海流が存在する可能性を学会や新聞の紙面を通じて明らかにしていた。ナンセン自身の調査やモーン教授の仮説、他の資料をすべて総合的に考えあわせて導かれる結論――それは、東シベリア海からグリーンランドの東海岸に向かう海流の存在であった。

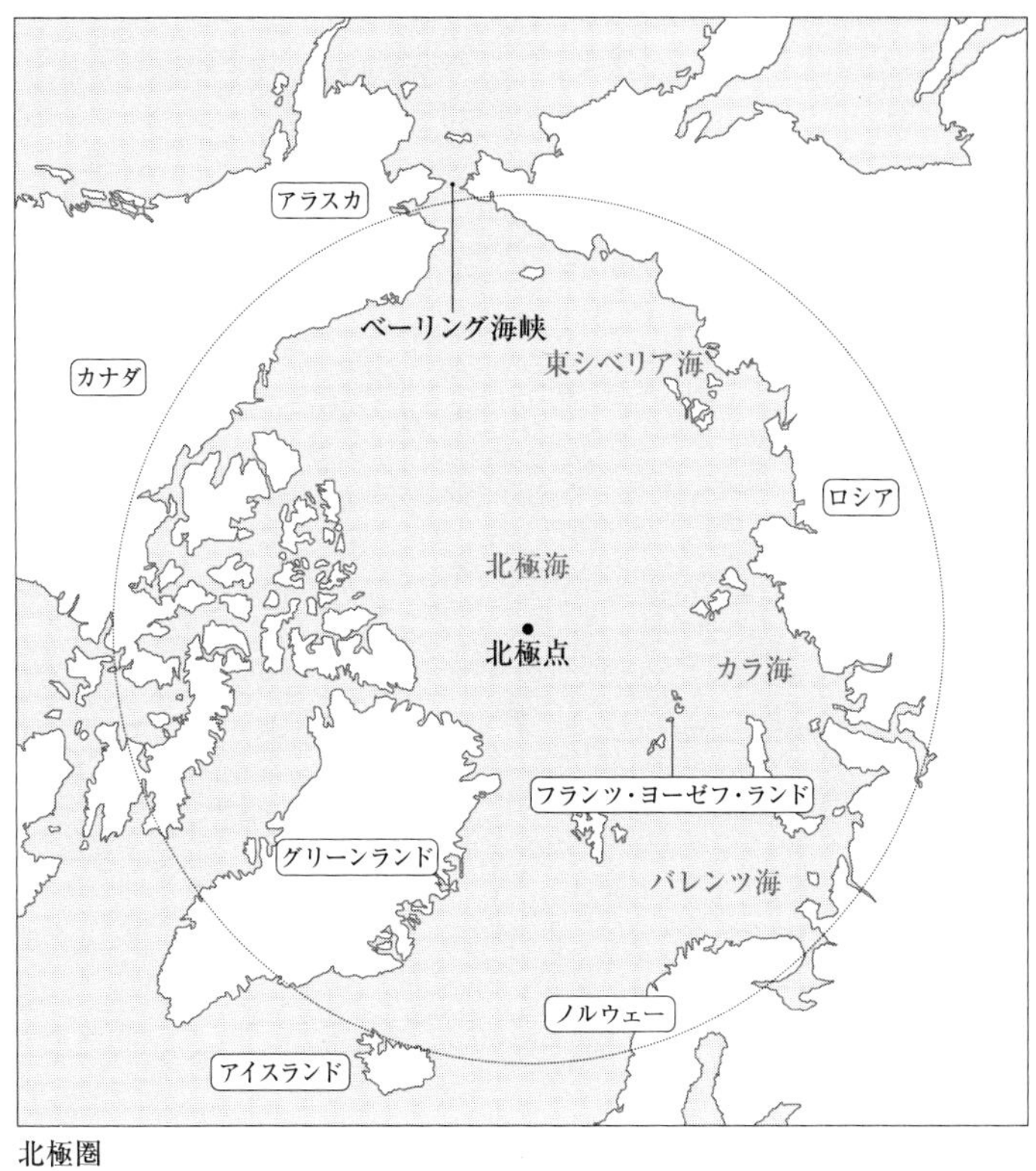
アラスカ
ベーリング海峡
東シベリア海
カナダ
ロシア
北極海
北極点
カラ海
フランツ・ヨーゼフ・ランド
グリーンランド
バレンツ海
ノルウェー
アイスランド

北極圏

そこでナンセンは決意する。みずから船で海にくり出し、強い潮流に乗り、北極点あるいはその近くを通過することで、この海流の存在を実証しようと。

それまで、多くの極北探検家たちの企ては失敗に終わり、ジャネット号のような悲劇的末路をたどるケースもあった。ナンセンは、過去の事故を検証し、そこから学んだ。これまでとられた経路、これまでとられた方法で、未知なる領域に達するのは難しい。

「もし、われわれが実際に目の前にある自然の力に注意をはらい、自然に逆らわず、自然とともに動く道を求めるならば、われわれはきっと、極点に到達するもっとも安全で、もっとも簡単な道を見つけられるはずだ。私はそう確信する」

力でねじ伏せて目標を手中におさめるのではなく、自然の流れを見きわめてこれを受け入れ、それに助けてもらうことで北極を渡ろうというのだ。このような姿勢は、のちのナンセンの外交や人道支援活動でもみられる傾向である。

ナンセンの計画――あえて「漂流」する

そこでナンセンは、またもや独創的かつ大胆で、異型ともいえる計画を立てた。まず、その目的のひとつが極点到達であることにはちがいないが、それは最重要ではない。到達地点が極点から近かろうが遠かろうが、北氷洋の未知の海域の海流や気象を観測・調査することが第一の目的である。

そのためには、まったく新しいアイデアで、氷圧を受け流すことのできる船を造る必要がある。これに乗船してシベリアから北に向かい、流氷のはざまをくぐり抜け、北極に侵入する。北極の氷をかき分けながら進んだあとは、みずから船を流氷の中に「氷結」し、そのまま「漂流」する。そうすれば自然に、北極点あるいはその近辺に到達できるはずだ――。発想の下地には、ヴァイキング号とジェイソン号での経験もあった。

ナンセンは、このアイデアをノルウェー地理学会と英国王立地理学会で報告した。同時に、科学誌『ネイチャー』でも公表した。彼が探検の目的として強調したのは、北極点への到達というより、北氷洋の深さや潮流の運動、風の方向、海洋生物の種類といった科学的調査であった。

「氷の圧力に耐えられる船など造れるはずがない」

「向こうみずだ。自殺行為に等しい」

「自滅の一策が大惨事に終わることを予告しておく」

モーン教授をはじめ賛同者はいたにはいたが、おおかたの極地研究家・探検家たちは首をかしげた。しかし、今回はグリーンランド横断のときとは異なり、ノルウェー議会は29歳のナンセンの試みに賭（か）けることとした。探検に必要な費用の大半を用意してくれたのである。

そこには、ノルウェーの外交・内政の事情という追い風があった。当時、ノルウェーにおけるナショナリズムの熱狂が勢いづいていて、同国が独立するには、さらなる国威発揚が必要だった。

ナンセンの名声が国際的に高まれば、ノルウェーの助けになる。それで、残りの必要額についても、国王や国内外からの寄付でまかなう算段がついた。

フラム号誕生から出発まで

ナンセンは、それから3年間を遠征の準備に費やした。まず当面の課題は、北極の氷群の圧力に耐えられるだけの構造をもつ、頑丈な船の製作であった。そのような船はまだこの世に登場していない。ナンセンはある造船技師に相談をもちかけるも、そんな要求をすべて満たせる船の製造は無理だと、にべもなく断られた。そこでナンセンは、コリン・アーチャーという人物にこれを依頼する。アーチャーはノルウェー屈指の造船技師だったが、とりわけ数学に長けた理論派として知られ、標準規格からはずれた特注に応える能力には定評があった。

アーチャーは、ナンセンの構想を実現するための船の設計に着手した。ナンセンが思い描いた船はまだだれも目にしたことのないものだったが、アーチャーはその構想をしっかりのみこみ、彼の熟練と先見をこの船の誕生に注ぎこんだ。アーチャーによると、ナンセンが求めた船の目的は「通常の船とはまったく異なっていたので、既存の造船のルールや規則は役に立たなかった」のだそうだ。

そうして1891年から翌年にかけて製造され、完成したのが「フラム号」だ。「フラム」

(*fram*)とは、ノルウェー語で「前へ」という意味だが、その名づけ親は、有望な若手歌手であるナンセンの妻、エヴァ・サーシュだった。北極で船が凍結されれば、あと戻りはきかない。もう、「前へ」進むしかないのだ。ナンセンの計画を象徴するかのような命名だった。

オーク材とグリーンハート材を使った三層構造のフラム号の船体は、四方から重い梁(はり)でしっかりと支えられ、内側は動物の毛を圧縮した繊維で裏打ちされている。全体は鉄で覆われていているので、かなり頑丈だ。ずんぐりむっくりの丸い船型は、氷が引っかからないよう設計されたものだった。氷塊群の異常な圧力が横からかかっても、フラム号はそれに抗わず自然に受け入れる。奇妙なほど丸っこい形状の船体は、圧力に逆らわないので上方にせり上がり、押しつぶされることがない。また、氷とその圧力で壊れないよう、舵(かじ)とスクリューが水中から船内に引き上げられる仕組みになっていた。

長い期間、狭いフラム号で仕事と寝食をともにする隊員を決めることも重要な課題だった。ナンセンが隊員を公募すると、数百名から申し込みがあった。大学教育を受けており、長く単調な道中で、ナンセンの学術的関心に貢献できる者。彼はそんな人物を求めていた。彼が理想としていた隊員像は、海の荒くれ者ではなく、科学者だったのだ。しかし、そのような経歴をもつ者は、過酷な探検に身を投じることにそもそも興味がないか、長期におよぶ探検への参加をなかなか決められなかった。だが幸運にも、植物学者や科学者を含む、有能な12人の隊員を選ぶことができた。そのなかには、グリーンランド横断時のパートナー、オットー・スヴェルドラップもおり、

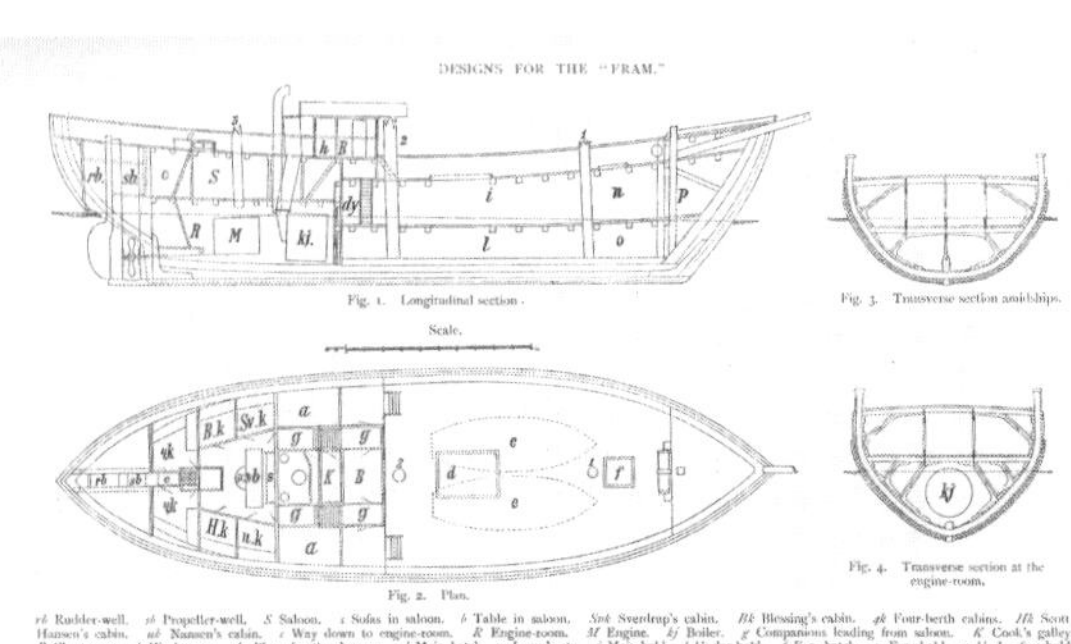

フラム号の設計図

1893年6月24日、クリスチャニアからの出発の日に［NLN］

彼はフラム号の船長に任命された。

ソリとそれを引く犬たちも調達した。イヌイットから教わったカヤックも、フラム号に持ちこんだ。飲料水確保のため、当時まだ発明されたばかりで珍しかった、マイナス36度の環境でも氷を溶かせる携帯用ストーブも購入した。ナンセンがこうした装備を整えたのは、グリーンランド横断での苦悩によって得た教訓からだった。実際のところ2、3年で旅は終わるものとナンセンは考えていたが、予定が延びることも想定し、5年程度の旅に耐えうる食料や機材、燃料油をフラム号に積み入れた。

準備を整えた探検隊は、1893年6月、クリスチャニアから出港した。帽子やハンカチ、国旗を振り、歌や歓呼で送りだす群衆を背にノルウェー沖へ航海したフラム号は、シベリア沿岸ぞいに進んだ。妻のエヴァと、もし帰還できなければ自分に対する記憶などまったくもたないであろう生後6か月の娘、リブにも別れを告げていた。ただし、「かならず生きて帰る」という約束を残して。

氷上の巣ごもり

2020年前半、世界は新型コロナウイルス(COVID-19)に震撼し、多くの国々がロックダウンや外出禁止令を含む移動制限措置を講じた。日本でも同年4月7日に緊急事態宣言が発令され、その年はゴールデンウィーク期間中も含め、外出自粛が要請された。その後はワクチンも普及し状況も変わったが、私がこの本を執筆しているいまも、パンデミックは収束していない。得体が知れず、目に見えないウイルスがいつ自分の身体に侵入するかもしれない恐怖を、人びとはリアルに感じた。そして、家という空間に留まりつづける「巣ごもり」の息苦しさを、世界の多くの人びとが同時に経験した。

フラム号の隊員たちは、全長39メートル、全幅11メートル、吃水（船舶が水に浮いているときの船体の最下端から水面までの垂直距離）5メートルという閉じられた船で、数年間を過ごすことになる。外界から完全に遮断された狭い空間での生活は、さながら「氷上の巣ごもり」だった。彼らはそこで何を感じ、またどのような船上生活を送ったのだろうか。

群氷の中に船体をまかせはじめた時期、彼らは心おだやかではいられなかった。落雷のような氷の破裂音を耳にしながら、フラム号を襲う氷圧にいつか押しつぶされるのではないかとおびえることもあった。だが、ナンセンと造船技師のアーチャーが意図したとおり、つぎつぎと押し寄せる氷の大群を、フラム号はみずからの船体をひょいと持ち上げることでしなやかにかわし、製造時と変わらない船型を保ちつづけた。

航海中の危険は、肉体的・物理的脅威だけではない。同じ仕事、同じ仲間との同じ会話、同じテーブルでの食事、同じ風景が毎日くり返される。当時はスマホやテレビはもちろん、ラジオすらない。耐えがたい退屈がもたらす精神的苦痛は、隊員たちの日常にべったり張りつく無形の脅

ナンセンが撮影した船内のようす。スコット・ハンセン(左)とノルダール
1893年12月10日[NLN]

修復保存されたフラム号の船内[フラム号博物館、T. Storm Halvorsen撮影]

威だった。それはナンセンとて同じだった。くる日もくる日も、目前に広がる光景は、目もくらむほど、ただひたすら白いだけの荒野だ。暖かい日差しに優しく照らされた野川。ほんのり立ち上がる土の香り。木々には若々しい緑が芽ぐみ、そのあいだを飛び交う鳥たち。かくも愛したクリスチャニアの春の情景を、せつないほど懐かしむこともあった。

苦労や不便はあった。それでも、栗色の船体のフラム号は絶望的な牢獄ではなく、隊員たちの安全を守るための避難所であり、また穏やかな生活の場所であった。「氷上の巣ごもり」も、工夫しだいで快適に過ごせるのだ。ナンセンは、隊員たちがホームシックにならないよう、また船上で安定した生活を送れるよう、規則正しい時間表を用意し、おのおのに任務を割り当てていた。隊員たちもそれに従ってせっせと働いた。

もっとも骨の折れる仕事は気象観測だったが、この部門の主任をシグアド・スコット・ハンセンにまかせた。助手となった隊員らとともに天測は毎日行なわれ、フラム号の位置が計測された。水温測定、氷の厚さの記録、オーロラの観測、海洋生物の標本作成といった科学的調査も、隊員たちを忙しくさせた。また、鍛冶や大工の仕事を担当する隊員もいた。ナンセンより少し若いヘンリク・ブレッシングは船医だったが、幸い乗員はみな健康だったため、すぐに「失業」した。そこで彼は、ソリを引く犬たちの健康を管理する獣医に「転職」することで、フラム号にみずからの居場所をつくっていった。

スキーに不慣れな隊員もいたので、その練習は日課だったが、運動不足を解消するため、ときにはフラム号から離れ、スキーで「遠足」に出かけることもあった。暖かくて居心地のよい居間も船内に用意した。600冊の蔵書を誇る図書館の設置を忘れなかったのはナンセンらしい。精神的に疲れた隊員たちが船上でリラックスして過ごせるよう、ゲームや楽器も持ちこまれた。居間の周りに配置された寝室は、彼らが少しでも明るい気分でいられるよう、光沢のある白で塗られていた。祭日にはかならず皆でこれを祝い、フラム号の旗を持ち、アコーディオンを奏でる「楽隊」が結成されるなど、それは陽気なものだった。

彼らの日常は、単色だけに覆われていたわけではない。不思議なほど豊かな色彩をまとったオーロラの帯が天空になびいて光を放ち、その背後には幾千もの星がきらめく。静寂のなか、四方には氷原と氷雪が横たわる。ときおり表情を変える日常で、自然が織りなす壮大なショーと美のパノラマを堪能すれば、いつしか心もほぐれるのであった。

極北探検で隊員の命を脅かすことのひとつは壊血病だった。その原因が、長期にわたり新鮮な食物を摂取できない環境とビタミンC不足にあることがわかったのは、後年(1932年)になってのことだ。偶然かつ幸運にもフラム号は、苺(いちご)のジャムなどビタミン源豊富な食料を山のように積んでいた。そのため、壊血病になった隊員はだれひとりとしていなかった。

下船からのアタック

さて、肝心のフラム号の航海状況だが、1893年9月下旬に予定どおり氷塊に達すると、舵とプロペラを船内に収納し、流氷とともに「漂流」するための準備をした。そして翌月、船は流氷によって氷結された。フラム号が漂流しているあいだ、ナンセンと船員たちは、この探検の主目的である観測などの科学調査を続けた。その間、「氷の陸地」を渡ったホッキョクグマが船に近づいてきて、肝を冷やす場面もあった。そのときには銃で仕留め、新鮮な肉をバーベキューの材料に使った。このような日常を送りながら、やがて氷結から1年が過ぎた。

ここまでは予定どおりだった。しかし、いつしかフラム号は氷の中でその動きをほとんど止めてしまう。期待していたほど北極点に近づいてはいない。このままだと目的地にたどり着けないという事実を、ナンセンは受け入れざるをえなかった。だが、計画をここで放棄するつもりもなかった。

そこで、船長のスヴェルドラップとも相談し、別の方法をとることにした。下船しての極点へのアタックである。フラム号をここで降りて極点に向かい、その後、スピッツベルゲンあるいはフランツ・ヨーゼフ・ランドに、犬とソリを使って向かうというものだった。大きな計画変更だが、氷結したフラム号は、時がたてば、やがて海流に乗って大西洋に抜けだせるはずだ。この探検の目的の主眼は、北極海という未知の海域の観察・観測である。それはおおむね達成されている。だから、残りの調査を終え、あとは収集した貴重な科学的データをフラム号がノルウェーに持ち帰ればよい。１８９４年11月20日、ナンセンはこの計画を船員たちに話した。彼らは、犬とソリを使って北極点にアタックするという方法に強い関心を示し、計画変更に異議を唱えることはなかった。

たしかに調査データの収集は最重要だったが、是が非でも極点を制覇したいという野心も、ナンセンにはあったはずだ。彼は、下船後の相棒として、隊員のなかからヒャルマー・ヨハンセンを指名した。スキーの名手であり、元軍人。強靭（きょうじん）な肉体と精神力の持ち主であるヨハンセンこそ、北極点制覇の任務に適任だった。

隊員全員の安全を守り、この場所まで連れてきてくれたフラム号とはここでお別れ。スヴェルドラップ船長に預けられたこの船に、北極で再会することはもうなさそうだ。実際に下船して氷原に移動しては船に戻るという行動を何度かくり返したあと、１８９５年3月14日、ナンセンとヨハンセンは、犬やカヤック、ソリ、銃とともにフラム号を降り、スキーで北極点をめざす旅に出た。それがどれほど過酷なものとなるかを、そのときのふたりは知る由もなかった。

安定した陸地を歩くことが当然である日常を送る人びとにとっては想像しがたいことだが、海氷の上を歩くというのは、まるで「水の上を歩く」ようなものだ。極北の足もとは、絶えまなく流れる氷である。自分たちが乗っている氷がまるごと、向かうべき方角とは逆に流されることも

氷の中のフラム号
1894年7月1日
［ナンセン撮影、NLN］

フラム号を離れ、北極点に向けてソリで旅立つ日に。1895年3月14日
左から2人めがナンセン

ある。現在の「動く歩道」を逆進する感覚だろうか。あたりは見渡すかぎり白い氷原で、場所によってはでこぼこだ。ときには乱氷(風や潮流による圧力で破壊され乱雑に積み上がった海氷)や氷の亀裂(きれつ)、悪天候に行く手をはばまれる。ソリに荷物を積み入れ、スキーと犬でそれを引きながらの歩調は、悲しいほど緩徐(かんじょ)だった。

気温マイナス34度のなか、凍傷のためほとんど皮のむけた素手で、もつれた犬の引き綱を解いてやる作業は、もはや拷問といってもいい。疲労のあまり、なんと歩いている途中で寝落ちすることもあった。たとえテントで眠りについても、心底休まることなどない。夢の中でも絶えずソリに乗って犬を追い、極点をめざして走りつづけている。ヨハンセンが寝言で犬の名前を叫んでいるのを聞いて、ナンセンが目を覚ますこともたびたびだった。

最北の地、さらに1000キロ

幾多の試練を必死に乗り越え、ナンセンとヨハンセンはついに、1895年4月7日、北緯86度14分、人類に記録されたうちでもっとも北極点に近い場所に到達した。しかし、極点到達の目標達成をまえにして、これを断念せざるをえなかった。複雑に入り組んだ氷原と、漂流する不安定な群氷・乱氷にはばまれたうえ、食料不足に悩まされたのだ。極点まではまだ364キロ。ここから先はだれも立ち入ったことがない、まっさらな世界。

だが、もう、十分だ。生きて故郷に帰ろう。エヴァとの約束をはたそう。娘と再会しよう。ナンセンは熟考のうえで納得し、そこから引き返す決断をした。戻る先は、すでに遠くまで漂流しているはずのフラム号ではなく、１０００キロ南に位置するフランツ・ヨーゼフ・ランドだった。

帰路の旅もまた苦難の連続で、壮絶という言葉のほうが適切かもしれない。フランツ・ヨーゼフ・ランドはなかなか見つからず、スキーと徒歩、カヤックで、ふたりは犬たちとともに、果てしない氷上を移動しつづけた。

疲労困憊のすえ、ある日、ふたりは腕時計のネジを巻くのをうっかり忘れてしまった。ＧＰＳ発信機などない時代である。一日の異なる時間の太陽の角度を利用し、経度・緯度を計算して現在地をわりだしていた。あわててネジを巻き直してみたものの、もうそこから先は、当て推量で位置を修正せざるをえなかった。実際、時計が止まったのは数分程度だったが、それ以降、彼らはみずからの正確な位置に自信をもてず、不安な旅を続けることになった。

これまで連れそった犬たちを弱った順にみずからの手で殺め、その肉を刻み、生きている犬たちに餌として与える仕事は恐ろしいものだった。ときには飢えをやりすごすため、自分たちも犬の血を煮詰めたスープをすることもあった。張りつくような生ぬるい鉄の味が喉もとを通りすぎるまで堪えた。それもこれも、生きぬくためだ。だが、究極の空腹時、そのスープで煮た粥を口にすると、美味と思えた。それは、人間もまた、他を食すことで命をつなぐ動物であることの証のひとつなのだろうか。

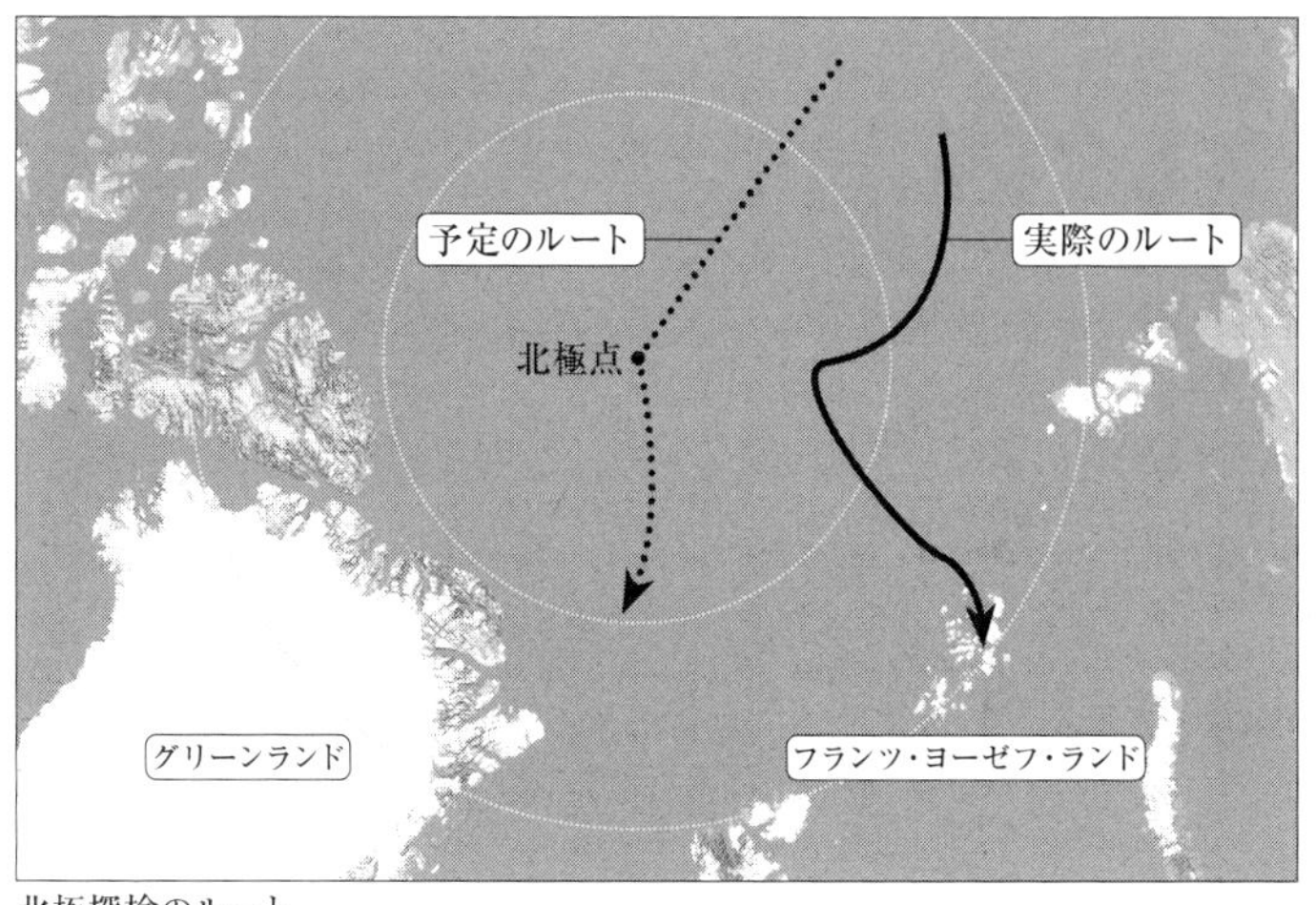

北極探検のルート

恐ろしいといえば、ホッキョクグマに肝を潰されたことがあった。ナンセンたちを背後からつけてきたと思われるホッキョクグマは、まずヨハンセンの側頭部に一撃をくらわした。彼は、目から火が出るほどの衝撃でひっくり返った。だが、一方の手で拳(こぶし)をつくってホッキョクグマの攻撃を防御し、もう一方の手でその喉(のど)をつかむと全力で締め上げた。ナンセンもそばから「睨(にら)み」で威嚇し、犬たちも助太刀したので、ヨハンセンはどうにか窮地を脱することができた。最後はナンセンの銃が放った一発で倒れた。どうやら母親のクマだったようで、周辺をうろつく子グマが人間の非情を訴えるかのように吠えていた。氷の砂漠にひびくその声を聞くのは、ただ、つらかった。

ナンセンとヨハンセンは、持参したペミカンなどの保存食をできるだけ減らさないよう努力し、アザラシやセイウチ、ホッキョクグマが多く出没する地域では、銃で撃ってそれを食料にした。アザラシの新鮮な赤身・脂身とそれでつくったスープ、小麦粉に血液を混ぜて脂肪で揚げたパンケーキはとりわけ滋味で、腹にすき間があるかぎり食べほうけた。おかげで、この探検が終わったときのナンセンの体重は、出発時より10キロも増加していた。

思いがけない再会

1895年8月7日、ナンセンとヨハンセンはついに、陸地であるフランツ・ヨーゼフ・ランドに到着し、氷ではなく剥きだしの土を踏んだ。だが、北極圏の短い夏は終わろうとしていた。冬の季節に移動するのは無理だ。そこで彼らは、乾いた小石と流木の枝を材料にして小屋を造り、9か月にわたりそこで越冬した。その一部はイヌイットの小屋を模したものだった。翌年5月、ふたりは小屋を出て、スキーとカヤックを使い、南下を再開した。出発のためにテントや毛皮を縫ったが、彼らはまるで仕立屋か靴屋にでもなった気分だった。

その後の道中もまた冒険だった。ふたりはカヤックで海上を移動した。カヤックは、ナンセンたちにとって移動手段であると同時に、唯一の貴重品保管場所となっていた。ある日、いま身につけているもの以外の「全財産」を積んだ貴重なカヤックが流れてしまう、というアクシデントにみまわれた。ひと休みするため海から氷の上にあがったとき、どうやら、結った綱がカヤックから外れてしまったようだ。

カヤックはどんどん沖のほうへ流されていく。腕時計と服を脱ぎ捨てたナンセンは冷水に飛びこみ、カヤックに追いつこうと、あらん限りの力で泳いだ。だが、カヤックは彼の泳ぎよりも速く流れていく。あまりの水の冷たさで脚が硬直し、ひとかきごとに自分が弱っていくのがわかる。息が続かない。苦しい。このまま力つきておぼれてしまうのか……？

だが、ここであきらめてヨハンセンのところに戻るわけにはいかない。カヤックは自分たちにとって、いまや命綱なのだ。そこに積んである装備と荷物を失うということは、ふたりの命運が尽きることを意味する。いずれも終焉を意味するなら、ここであきらめるという選択肢はない。

「がまんして泳ぎつづければ助かるのだ」

ナンセンは泳ぎながら、みずからをそう鼓舞した。すると、カヤックとの距離が縮まり、やがてこれをとらえることができた。

すべてを目撃していたヨハンセンは、のちにこう回顧している。

「あのときは、私の人生で最悪の瞬間だったね」

漆黒の夜が永遠に続くことはない。やがて陽は昇る。幾多の苦難をくぐり抜けたふたりを待ち受けていたのは、大きな喜びだった。１８９６年６月17日、氷丘のあいだをぬって陸の方向に歩いていると、犬の鳴き声とともに複数の人の声が聞こえた。隊員以外の人間の声を耳にしたのは、いつぶりだろうか。声の主は、その区域でたまたま活動していた、フレデリック・ジャクソン率いる英国科学探検隊の一団だった。

ジャクソンもナンセンたちに気づき、歩み寄った。たがいに歩み寄るふたりのうち一方は、チョッキを身につけ、香料入り石けんでピカピカに磨き上げたような英国紳士。他方は、油とススにまみれてゴワゴワのヒゲと汚れに顔を覆われ、ボロ布に包まれた野生児。ジャクソンとナンセンは４年前にロンドンで会っており、顔見知りだった。両者はたがいの名を探りあってだれかを確認し、やがて握手を交わした。

ジャクソンはナンセンがこの近くにいることは知っていたが、それでも、この最果ての地での再会に特別な思いを抱いたにちがいない。当初、フラム号が遭難してふたりだけが生き残ったと

ジャクソンと出会った日のナンセン。ジャクソンの小屋の前で、1896年6月17日
[フレデリック・ジャクソン撮影、NLN]

思いこんだジャクソンの発話は遠慮がちだった。しかし、事情をのみこむにつれ表情がほころび、質問を浴びせつづけた。ジャクソンの手厚い歓迎を受けたあと、ふたりは船の到着を待って帰国することになった。ちなみに、彼らの再会の舞台となったのは「ジャクソン島」だが、この島名は、フレデリック・ジャクソンにちなんで、ナンセンがのちに名づけたものである。

栄光の帰国

それから2か月後の1896年8月中旬、ナンセンとヨハンセンは、「ウィンドワード号」に乗ってノルウェー北部のバルデの港に帰ってきた。同じ日、フラム号もスピッツベルゲン近くを、蒸気を吐きながら南へ向かっていた。ナンセンたちを降ろしたあと、氷の状況が悪くなり、氷圧で船体があやうく圧壊されそうな場面もあった。しかし、そこでフラム号は持ちまえの耐氷性を発揮。ナンセンとヨハンセンの到着からわずか1週間後、フラム号は3年あまりの時を経て、トロムソの港に無傷で帰還した。ナンセンの読みどおり、フラム号は海流に乗って西に漂流したのだった。

クリスチャニアの宮殿でオスカー王に迎えられ、バルコニーに立った34歳のナンセンは、大勢の群衆から、偉業をなしとげた英雄として、声援、楽団の演奏、花冠つきの歓待を受けた。それは、ナンセン本人が引いてしまうほどの熱狂ぶりだった。

帰国後の遠征隊員たち。フラム号の甲板にて、1896年9月
前列左から4人めがスヴェルドラップ、ナンセンは後列中央に立っている[NLN]

フラム号の隊員も全員、無事帰還した。極点にこそ到達できなかったものの、最北の地への到達という記録を残した。しかし最大の貢献は、科学に対してであった。たとえば、北極には陸地がなく、そこが流動しつづける流氷に覆われた「どんぶり型の深海」であることを、この旅で収集したデータは実証した[第4章参照]。だれひとり犠牲者を出さずに帰還したナンセンの名声は、国内外でいっそう高まった。そしてこの探検は、危機の渦中にあっても崩れることのない冷静な判断力、土壇場で大幅な予定変更をなせる決断力、そしてなにより、彼がもつ「運の強さ」を証明した。しかしその「運の強さ」さえ、彼の発想力や企画力、柔軟性が引きよせた必然のように思えたのである。

ナンセンの探検後、極地争奪戦は、ロバート・ピアリー、マシュー・ヘンソン、ロバート・スコット、ロアール・アムンセンらによって熾烈(しれつ)をきわめた。ナンセン、そしてその前後の極地探検家たちの登場と躍動の背景にあったのは、彼らの冒険心だけではない。この時代のナショナリズムの高揚や、新たな領域、利権獲得をねらう国家の地政学的野心でもあった。

北極と南極の両方に人類で最初に到達するという野望を心の隅に抱きながらも、また小さくない未練を残しながらも、ナンセンはこの探検以降、極点に対する情熱を徐々に失っていく。最終的には、フラム号をノルウェー人のアムンセンに譲りわたすことになる。ナンセンから刺激を受けてきたアムンセンは、当初、フラム号での北極点制覇を計画していた。しかし、ピアリーが

1909年に北極点に到達したことを知ると、目標地点を秘密裏に変更した。フラム号が実際に向かったのは、正反対に位置する南極だった。1911年、人類初となる南極点到達に成功。「史上最大の計画変更」だった。

ナンセンと二度の旅をともにしたスヴェルドラップはそのあともフラム号の船長をつとめ、1898年からは新しい乗組員とカナダの極北に4年間遠征した。後年、募金を集めてフラム号を改修し、恒久的に博物館に保管することに貢献した。

1935年5月、フラム号は海での仕事を終え、揚陸された。博物館の用意も整った翌年、船はそこに収納され、ホーコン国王とオラーフ皇太子臨席のもと、開館式が盛大に行なわれた。これが「フラム号博物館」の誕生である。そこを訪ねると、フラム号があなたを出迎えてくれる。ナンセンのフラム号での活動や船員たちの生活にまつわる品々や写真などが多数展示され、ていねいな説明が複数の言語（一部、日本語あり）でなされている。

ナンセンは、探検が終わった翌1897年、フレデリク王立大学動物学教授に着任し、1908年までこの職位にあった。大学の配慮により、国際的に著名となった彼が研究に集中できるよう、授業を行なう義務を免除した。その後、みずからの探検を綴った『極北』を出版。当時ベストセラーとなったこの書籍は日本語を含む各国の言語に翻訳され、21世紀のいまでも世界中の人びとに読まれている。『極北』は、たんなる探検日誌や科学的記録で終わらない。ときに抒情詩のような筆運びでエンタメ的な世界観をつくり、読者を飽きさせないのである。そして、欧州と米国での精力的な巡回講演を終えたあと、ナンセンはふたたび本腰を入れて学究の道を歩みだすのであった。

［Marcus Thomassen撮影］

［著者撮影］

［T. Storm Halvorsen撮影］

外観［T. Storm Halvorsen撮影］

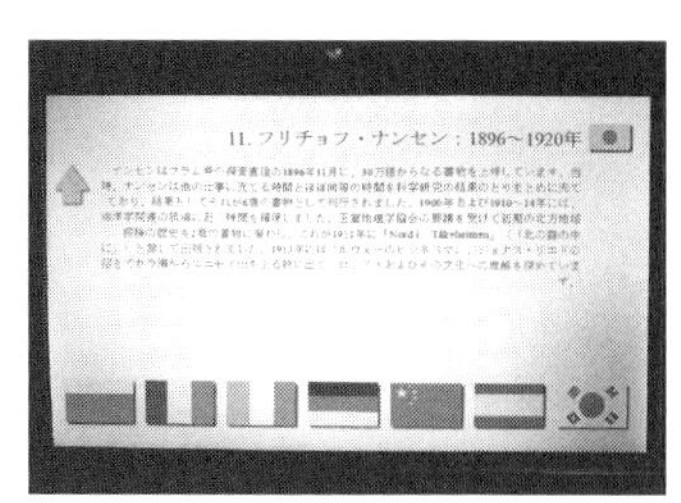

［著者撮影］

オスロにあるフラム号博物館の展示

第4章 学者として

内なる主君「無責任」のひらめき

ナンセンを知るおおかたの人びとにとって、彼は、大胆でセンセーショナルな探検家か、創造的でダイナミックな人道支援活動家であろう。だが、華々しい経歴の陰にひっそり隠れてしまう、もうひとつの顔が彼にはある。ナンセンが得た学位は博士号であり、多彩な職歴には教授職も含まれる。50以上の学術論文を書き残し、分厚い専門書も世に出している。彼は学者なのだ。

ナンセンがひとりの学者というなら、専門は何か。この問いは答えに窮する。彼がかかわった分野は動物学、地質学、解剖学、神経科学、海洋学など多岐を網羅する。600ページを超える極北探検史の大著、自身の極地探検を記録した書籍、スピッツベルゲンやシベリア、アルメニア、コーカサスの旅行記も出版している。その他、ノルウェーとスウェーデンの政治的関係について記した書籍、また『ロシアと平和』という書籍まであり〔第10章参照〕、いまであればこれらは国際関係論や地域研究、政治経済学、平和学に分類されよう。彼はたんなる科学者ではない。その枠に収まらない、より広い意味での学者である。では、専門は何か。その研究業績を眺めると、ますますわからなくなる。だが、彼が携わった研究の足跡をたどれば、手がかりを見つけることができるかもしれない。

時計の針をいったん、彼がフレデリク王立大学(現・オスロ大学)の学生だった1881年に戻そう。科学全般に興味のあったナンセンは、大学では動物学を専攻した。動物学とは、動物に関す

現在のオスロ大学

る学術体系のことである。かつての分類だと、植物学や地学とともに博物学（自然界に存在する動植物・鉱物などの種類や性質を記録・整理する学問）のひとつであった。現在では生物学に含まれる。

この専攻を決めるにあたってナンセンは、自身の心中に住まう「主君」に従ったらしい。ナンセンはこれを「主君・無責任」と呼んでいた。「主君・無責任」は何かをひらめくとそれをつぶやき、その名のとおり、無責任にナンセンを誘惑していたそうだ。

「理系科目にはもとから興味があったのだが、何を専攻しようか迷った。もっとも関心があったのは、物理や化学だった。だが当時、私にとって制御不能な『主君・無責任』は、物理や化学にそった生き方をあまり好まなかった。ある日、彼は突然ひらめいたようだ。『動物学がいいぞ！多様性があるからな。なにしろ狩猟やアウトドア・ライフもあるし』。彼のひらめきで、私は動物学を専攻することになった」

もしかすると、「主君・無責任」は、ナンセンをたんなる運動・狩猟・釣り好きの青年ではなく、動物に対する観察眼が鋭い学生と見て、そう直感して助言したのかもしれない。

現実世界にも、ナンセンの資質を確実に見抜いていた人物がいた。フレデリク王立大学でフェローとして教鞭（きょうべん）をとり、ナンセンの指導教官だったロバート・コレット教授だ。おもに脊椎（せきつい）動物を扱う動物学者だった彼は、アザラシ狩りの船でいつか航海するようナンセンに提案していた。コレットは大学の博物館学芸員でもあったので、海洋生物標本の収集や、北極アザラシの生態などの研究を勧めた。また船に乗れたときには、天候や氷の状態、鳥の生態などに関して毎日日記をつけるよう助言した。

ナンセンはコレット教授の言葉を実践し、やがて動物学の世界に導かれる。「ヴァイキング号」に乗船した1882年［第1章参照］、乗組員としてのナンセンの肩書きは「度量衡検査官」だった。彼は、風・海流・氷の動き、動物の生態などを手描きのスケッチでていねいに記録していった。日記につけたスケッチとメモは、科学的に貴重な情報となった。青年期のナンセンは完璧主義者の気質を備えていて、最高のものをつくらないと満足できなかった。おかげで、日に日にスケッチの腕前をあげていった。

航海を終えたナンセンは、膨大な情報がつまった日記を携えてノルウェーに帰国したが、40年以上ものあいだ、その記録が日の目を見ることはなかった。しかし、ヴァイキング号での探検とそこで得られた情報のことを忘れてしまったわけではない。本書が物語るように、ナンセンのその後の人生はあまりに多くの出来事と波乱に満ちたものとなる。ヴァイキング号での経験を、世に送るひまを見つけられなかったのだ。だが、人道支援活動に従事していた最中の1924年、彼は『アザラシとホッキョクグマに囲まれて』という本をオスロで出版する。もちろん、古い日記をもとに書いたものだ。書籍はこれら動物の基本生態を記載したものだが、貴重な動物観察記録である。

地質学の美

ふたたび「主君・無責任」のひらめきの仕業なのか、グリーンランド横断［第2章参照］のころから、ナンセンには地質学に対する好奇心がむくむくと湧いていた。まず、グリーンランドを北上する途中、フェロー諸島の玄武岩層とアイスランドの円盤状の地層が東にずれていることに気づいた。そこで、その原因が浸食の影響にあると考えた。海で削られた土地の端は密度が高くなっていたので、やがて傾いたというのだ。じつは彼の気づきは、地質学上の主題のひとつでもあった。いわゆる、アイソスタシー（地殻がマントルの上に浮かび、浮力と重力が釣り合うという考え方）である。グリーンランドではそのほかにも、氷の性質とその動き、氷の裂けめ、氷の下の川でつくられる尾根など、地質にまつわる多様な現象に惹かれていった。

フラム号による極北探検の準備を進めているあいだ、ナンセンはストックホルム大学のヴァルデマー・ブレガー鉱物学教授に教えを請い、地質学の勉強に本格的に取り組む。その努力は極北探検で活かされた。フランツ・ヨーゼフ・ランドでのフレデリック・ジャクソンとの電撃的再会のあと、ナンセンは迎えの船を待つこととなる［第3章参照］。その間、フローラ岬の地形を丹念に調査し、いくつかの層から化石を採取している。このときの調査は、訓練を受けたプロの地質学者のように緻密かつ徹底的だったという。また極北探検から帰国後、ナンセンは、極海の水深条件と沿岸の地形を扱った膨大な書籍を書き上げ、干潟と大陸棚の問題を論じている。

フラム号の旅の途中では、ユゴルスキー海峡南岸のハバロワで、カルシウムが豊富な頁岩(けつがん)の層から、ある化石をナンセンは発見している。それはオルドビス紀(約4億8830万年前から約4億4370万年前まで)に属するものだった。それまで、この地域でオルドビス紀の動物の存在は知られていなかった。この化石の発見は予想外のことで、地質学的に意味をもつものだった。

地質学はナンセンの専門分野にならなかった。しかし明らかに、彼は、時間と圧力が織りなす地質学の美に魅せられていた。それにかかわる姿勢は、ナンセンの眼が自然のあらゆる側面に開かれていたことの証でもあった。そのエネルギーと集中力は、まるで地質学を生涯かけて学びたい学生のようですらあった。彼のこの分野での成果は限られていたが、氷河期以降のノルウェーの地質学において、さらなる考究への道を拓く貢献となった。

ベルゲンでの第一歩

ナンセンの研究生活のはじまりの時期に、ふたたび戻ることにしよう。ヴァイキング号での航海を終え帰国したナンセンは、1882年8月、ベルゲンに入る。ベルゲンが、研究に踏みだす第一歩の地となった。ベルゲンはハンザ同盟都市のひとつで、ノルウェーでは珍しく大陸のオーラをまとった街である。大学こそなかったが、街の繁栄の一部が研究所設立にあてられるなど、学術的薫りも漂っていた。クリスチャニアの清々しい天候とは違い、現地には「ベルゲンの馬は傘を持たない人を見ると跳ねる」ということわざがあるほど、雨の多い街でもある。彼はこのベルゲンで、博物館の自然史資料収集学芸員という職に就いた。これで、経済的にもどうにか自立できるようになった。

博物館の自然史資料収集学芸員は、だれでもそうそうありつけるポストではなかった。しかも、ナンセンはその分野で業績を何も生みだしていなかった。それどころか、大学には1年しか通っておらず、じつは動物学の試験すら一度も受けたことがなかった。異例中の異例である。このポストをつかむことができたのは、ある人物の特別な計らいがあったからだ。それは、この若者の能力を見抜き、北極圏航海での貢献を高く評価していたコレット教授である。彼は、まだ何の学術的業績もない、また業績を将来生みだせる保証もないナンセンのために博物館側と交渉し、話をつけてきたのだ。ナンセンは喜んでこの申し出を受けたのだが、まったく心配がなかったわけではない。歳をとり弱くなった父を実家に残さなければならなかった。アウトドア生活ともお別れだろう。

ナンセンがベルゲンで学究の世界に入ったころ、欧州の動物学研究は過渡期にあった。微小解剖学や、筋肉・細胞のネットワークの研究が盛んになり、それはノルウェーの学会にも影響をおよぼしはじめていた。そんな時代、彼が最初に選んだ研究領域は、動物学のなかでももっとも難しいといわれる中枢神経系だった。

ベルゲンで待ち受けていたのは、やはりヴァイキング号の航海から180度転換した生活だった。「主君・無責任」がひらめいた狩猟やアウトドア・ライフはそこにはなく、実験室にこもって観察に集中するインドアの日々。極北での過酷な日々から離れ、顕微鏡をのぞいて生物の部位を丹念に調べ上げる静かな時間。彼は後年、父に手紙を書いている。

「ベルゲンでの6年間、私は顕微鏡の中で生きていた」

幸いなことに、「主君・無責任」はその間、静かにしていてくれたそうだ。

ベルゲン時代のナンセン［Sophus Williams撮影、NLN］

世界的に著名な研究者との出会いが待っていたという意味でも、ベルゲンでの日々はやはり特別だった。博物館の館長はハンセン病研究で国際的に名をはせたダニエル・コルネリウス・ダニエルセン。46歳年上のダニエルセンとのあいだには温かい友情が芽生えた。それは、ダニエルセンが1894年に没するまで続いている。ダニエルセンのもとで研究し、らい菌を発見したアルマウェル・ハンセンもいつも近くにいた。ときには旅費助成金をもらってドイツやスイスを訪問し、自分の研究分野を主導する学者たちと積極的に交流を深めた。

当時のナンセンにとって、研究こそ命であり、専門分野の探究が人生の指針となっていた。だから、ひととおりの研究設備があり、有能な研究者たちに囲まれた博物館にいられるのはありがたかった。正直なところ、自然史資料収集学芸員としてのおもな業務は、ナンセンの学術的関心の中心から外れていた。しかし、彼は自分が引き受けた責任に対しては忠実だった。ドイツとイタリアの調査旅行のあいだでさえ、博物館の依頼に応えて資材の購入などに絶えず奔走した。博物館のためには努力を惜しまず、やるべき仕事をおこたることはなかった。

雪のない西海岸の冬には、いささか嫌気がさすこともあった。そんなときは、ベルゲンからクリスチャニアまでスキーで山越えをして気分をまぎらわせた。それまでとは劇的に変化したベルゲンでの生活であったが、ナンセンは学芸員としての業務のかたわら、あらんかぎりのエネルギーと情熱を研究に注いだ。それは健康に影響をおよぼしかねないほどだったが、申し分ない成果をもたらした。博士論文執筆のあいだ、米国のイェール大学とインディアナ大学から誘いもあったがそれを断り、彼はこのベルゲンの地で新進気鋭の学者となる道を選んだ。

博士論文「中枢神経系の組織学的要素の構造と組み合わせ」

学芸員着任から3年後、ナンセンは最初の本格的な研究論文を発表し、ヨーキン・フリール金賞という学会賞を受賞した。その内容は、寄生虫の一種についての解剖学的研究だった。当時、顕微鏡を用いる研究はまだ初期の段階で、対象物を写真に収める技術もない時代である。彼はこの研究で、対象物をみずからスケッチし、版画による質の高い複製をつくっていた。このような、当時としては画期的手法を彼がすでに身につけていたことは印象深い。ちなみに、現在は顕微鏡で見える対象物の画像情報は写真で記録できる。それでも、生物学などを専攻する学生は、あえてスケッチでそれを描くこともあるという。対象物をていねいに観察し、その構造を頭の中で立体的に理解することに役立つからだそうだ。

さて、翌年から、脊椎動物のより微細な神経系の調査に取り組みだしたナンセンだったが、その研究で欠かせなかったのが神経組織の染色技術だった。銀を使って神経組織を染色する方法を開発したのは、イタリアの病理学者、カミッロ・ゴルジである。この染色法は、脳神経の解明に大きく寄与した。染色法に活路を見出したナンセンは、脊椎動物の神経系の観察で使おうと自己流で試みるも、満足いく結果を得られなかった。そこで、１８８６年の調査旅行のさい、イタリアのパヴィーアにしばらく滞在して、ゴルジの研究室で染色法を学んだ。この技術がのちの研究で大きな財産となることに、このころのナンセンはまだ確信をもっていなかった。

その後も、脊椎動物の神経系に焦点を定めた研究にナンセンはのめりこむ。すべての生物は相互に連関している——これが彼の博士論文における仮説の前提だった。そこで、比較的単純な神経系を研究することで、人間の中枢神経系と脳の働きの根底にあるいくつかの原理に到達できるのではと考え、ヌタウナギに着目する。ヌタウナギは4億年ほどまえに登場した原始的な脊椎動物であり、多くは深海に生息する。ノルウェーのほとんどのフィヨルドでも見つかる。

「ウナギ」という名がつくようにウナギに似た姿をした水生生物だが、ウナギではない。ヌタウナギにはアゴがなく、鼻孔はひとつしかない。目は皮下に埋没していて視神経も退化している。ちなみに、韓国の一定の地方では人気の食材である。ブツ切りにして網焼きにしたあと、野菜といっしょにコチュジャン、ニンニクで甘辛く炒めて食す。コリコリした歯ごたえで滋味豊かな味わいだ。日本ではほとんどなじみはないが、秋田の男鹿半島では、これを天日干しして棒状にする。「棒アナゴ」と呼ばれる珍味で、酒の肴にもってこいだそうだ。

話が逸れた。もとに戻そう。ナンセンの研究成果は、博士論文「中枢神経系の組織学的要素の構造と組み合わせ」としてまとめられ、１８８７年12月に提出された。この論文は１１８ページの本文と１１３ページの図解から成る。一見して目立つのは図解の部分だ。ナンセンが顕微鏡をのぞきこみながら、石版石の上で描いた写生図などを豊富に含む。助手などを使った様子はない。

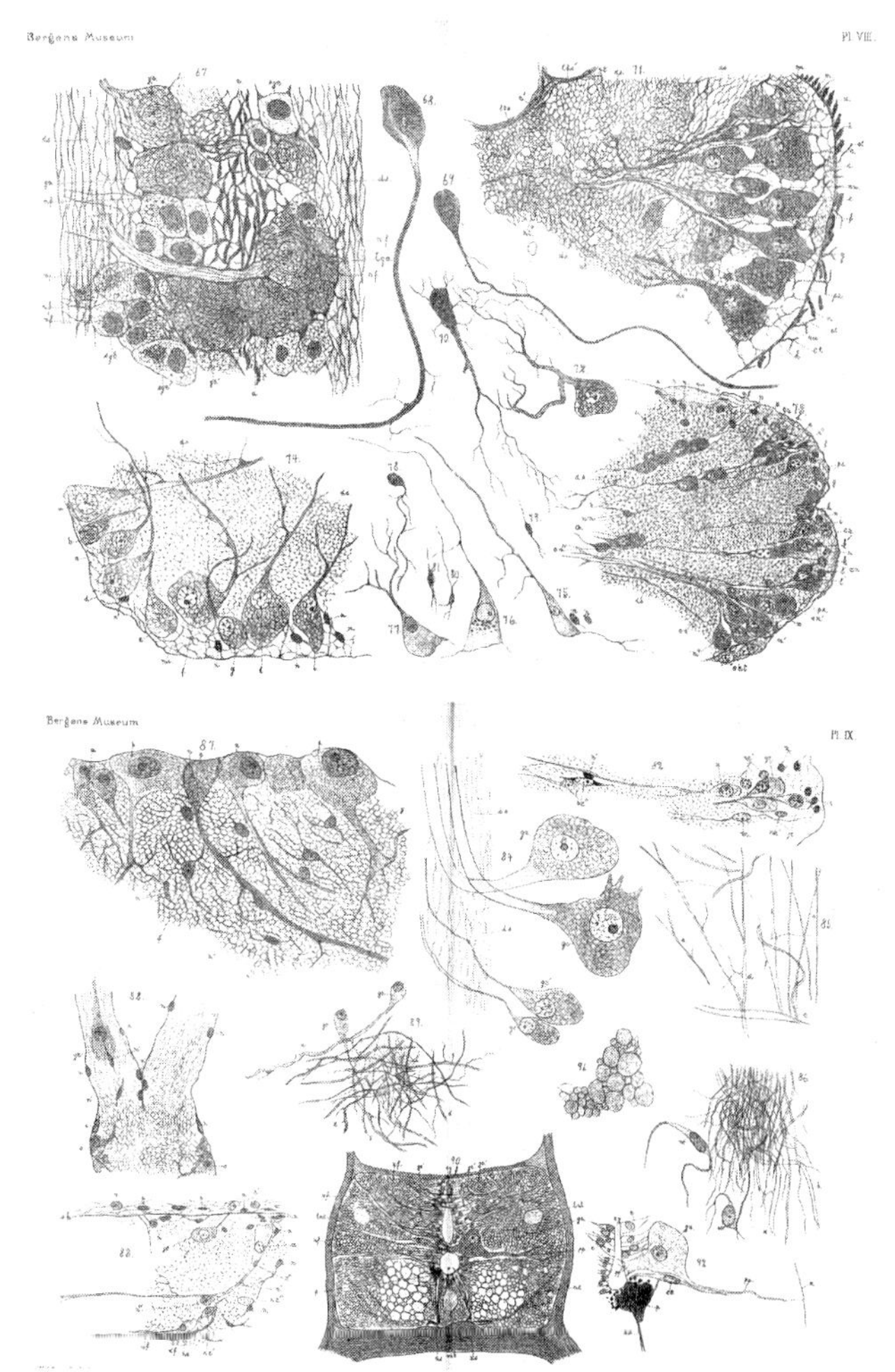

博士論文に掲載された神経組織図。ナンセンのスケッチにもとづく版画

使用言語は英語で、ノルウェーのみならず世界で読まれることが企図されている。博士論文第2部では、無脊椎動物の神経管の構造、その神経節細胞の構造とプロセス、神経節細胞と他の部位との組み合わせ、ナメクジウオ（脊椎動物の個体発生の初期にだけ出てくる脊索をもつ生物）とヌタウナギの神経系、神経管と他の部位の組み合わせ、経節細胞の機能などについての調査結果がまとめられている。

論文内容の審査や公開授業、敵対的審査員（博士候補者の主張をあえて攻撃することでその学術的強度を試す審査員）による審査といった要件を満たしたナンセンに、1888年、博士号の学位が授与された。しかし、彼の博士論文は懐疑的にも受けとられていた。たとえば、敵対的審査員のひとりで衛生と細菌学を専門とするアクセル・ホルストは、既存の学説とナンセンの結論との大きな違いや研究方法の妥当性の観点から厳しい批判を寄せた。当時の懐疑論や批判のなかには、たしかにナンセンの観察や理解、方法の誤りに起因するものもあった。ただし、もうひとつ大きな原因がある。それは、博士論文が多くの先駆的解釈を含んでいたことだった。当時、懐疑的・批判的評価を下した学者の多くは、じつは、ナンセンの研究の真価を完全には理解していなかったといわれる。

フレデリク王立大学では博士学位取得を祝う晩餐会が恒例行事であったが、ナンセンはこれを開かず、スキーでベルゲンにさっさと戻ってしまった。博士論文への批判にいらだちを覚えたからだという。だが、どうだろう。当時の彼は、グリーンランド横断計画のことでマスコミと世間の目にさらされていた。外部からの視線にいささかナーバスになっていたのかもしれない。あるいは、目前にひかえたグリーンランド探検の出発準備を優先させただけなのかもしれない。いずれにせよ、なぜ晩餐会を開かなかったのかは、いまとなってはよくわからない。

創始ニューロン説

26歳ころのナンセンの博士論文にまとめられた研究は、徹底的な観察と堅実な考察から構成されており、当時としては先駆的内容というのが、現在の目で見た総合的評価となっている。かつて争点のひとつとなったのは、彼の研究成果の汎用性(はんようせい)だった。異なる動物種間では、神経細胞の構造や機能が異なる可能性がある。そのため、原始的動物の観察から得られた脳神経に関する知見が、ヒトにも当てはまるといえるのかが問題であった。

だから初期の神経生物学は、多くの点で医療とヒト神経学に焦点を当てていた。これに対してナンセンは、新たな道を切り拓こうと試み、原始的な動物を研究対象に取り上げた。そして彼は、神経細胞全般への適用をくり返し論じた。ナンセンの研究の拡張的適用の可能性は、のちのノーベル生理学・医学賞受賞者であるチャールズ・シェリントンやエドガー・エイドリアンによっても示唆された。原始的な動物の脳を調べることでヒトの脳の基本構造やその進化を突きとめる方法は、いまでは確立したアプローチでもある。

ただ、ナンセンの博士論文の最大の価値はほかのところにある。それをひと言で表現するなら、のちのニューロン説の基盤づくりである。ニューロン説は、ニューロン（神経細胞）が個々に独立していて、それぞれが接触することで神経が構成されている、というものだ。スペインの神経解剖学者、サンティアゴ・ラモン・イ・カハールが主張した説である。なお、カハールもナンセンと同様、ゴルジ染色法を習得した学者だった。

一方、そのゴルジは、みずから開発した染色法を用いながらも、カハールとはまったく異なる結論を引きだした。それは、神経線維は連続的につながる網状であるというものだった。このことから、ゴルジとカハールは論争を展開する。たいへん珍しいことだが、それぞれの功績が認められ、１９０６年、両者はともにノーベル生理学・医学賞を受賞している。なおこのとき、ゴルジとカハールのあいだに意思疎通はなく、受賞記念講演もべつべつに行なわれた。しかし、１９３０年代に電子顕微鏡が普及してより精密な観察が可能になると、カハールのニューロン説に軍配が上がったのだった。

ナンセンが博士論文を提出した１８８７年というと、カハールがゴルジ染色法の標本に初めて出会ったころである。ナンセンはこのときすでに、原始的な脊椎動物の神経系の解明のためにこの染色法を用い、その結果を世に伝えていたことになる。そして、神経単位は融合しておらず、たがいに接触しているだけという事実の発見に到達している。そのうえで、細胞がすべて癒着して大きな網を形成するという説が、この発見に矛盾することを指摘していた。これは世界初の公式での指摘でもあった。つまり、のちにニューロン説と呼ばれる概念を、脊椎動物の神経系の観察と考察の結果から得られた範囲で提示していたのであった。

ナンセンの博士論文は、彼をニューロン説創始者のひとりに位置づけるような業績である。このことは、この説の解説と要約で名高いドイツの解剖学者、ヴィルヘルム・フォン・ヴェルダイアーが、この研究分野の学術的権威者6人に、カハールらとともにナンセンを挙げていることからも裏づけられよう。また、神経科学に関する世界的専門誌『Brain(脳)』の2010年号でも、ナンセンの研究が「神経科学の進路を変えた」と紹介されている。本来であれば、ゴルジやカハールと並び、ノーベル生理学・医学賞を授与されても違和感ない成果のようにも思える。だが、そうならなかった。ベルゲン大学生理学名誉教授のカレン・ヘレによると、ナンセンは博士論文提出後にグリーンランド横断などで多忙となり、神経科学分野での交流や議論に積極的に加わることがなくなった。そのため、ノーベル賞から遠のいたという。

科学と絵画——観察し、創造する

ナンセンの当時の知的関心は、博士論文に限定されていたわけではない。その執筆過程で派生した別の課題は、ヌタウナギの性状態だった。膨大な資料と先行研究にあたったうえ、論文「脊椎動物の原始的両性具有」を発表している。もうひとつの取り組みは、クジラの解剖学的研究だった。フレデリク王立大学の解剖学教授のグスタフ・グルドバーグとともにこれに関する調査研究を開始し、共著で『鯨の発達と構造について・第一部』を出版した。さらに、北極圏の鳥類の観察結果は、コレット教授との共著で出版された。

ところで、若いころのナンセンは、研究以外のあることにもとりつかれていた。それは絵を描くことだった。絵はナンセンにとって欠かせない要素となっていた。ヴァイキング号では動物や環境の状態について、文字だけではなくスケッチでも記録され、彼は旅のあいだ、その腕をメキメキあげていった。また先ほど述べたように、博士論文を仕上げるうえでも、スケッチによる質の高い複製は重要だった。

ナンセンはベルゲン時代、絵の講師であるフランツ・スキウツのもと、スケッチとペインティングの勉強をしていた。それはお遊び程度のものではなく、相当の気合いが入っていた。なんと、やがて絵描きになる意気ごみさえも芽生えることとなる。ナンセンに絵画の才能を見出していたスキウツも、そうさせようとけしかけていた。だが結局、ナンセンは絵については趣味にとどめておくことにした。しかし、その趣味は生涯にわたってずっと続いた。ナンセンは生前、みずからの作品を公開することはほとんどなかったが、数多くの絵を残している。彼はもしかすると、科学と芸術に共通因子、たとえば、観察し、表現することの「創造性」を見出していたのかもしれない。いずれにせよ、ナンセンにとっての絵の創作は、探検、科学、人道支援というだれもが振りむく大輪の花のような彼の活動の横で、ひっそりと控えめにたたずみ、彼だけがその存在を

ドローイング「ヴェスレモイ号の舵をとる乗組員のひとり」ナンセン作、1912年［NLN］

知っている淡いスミレのようでもある。

黎明期の海洋学へ

ところで、ナンセンの研究課題は、博士論文のあとに他の分野に移行する。博士号を取得して4日後にグリーンランド横断に旅立ち、さらに1893年にはフラム号で極北探検に出るのだが、以降、彼の学術的関心は海洋学に移ったのだった。

海洋学とはその名のとおり、海洋を研究する学問である。対象となる分野は多様で、海洋生物学や海洋地質学、海洋気象学、海洋物理学、海洋化学などを含む。海洋自体についての研究の歴史は古い。すでにギリシャ時代にはその形成は始まっていたが、科学としての体系にはいたらなかった。19世紀になると、航海の安全を図るため、船員が海上の気象や、海水温、海流などの観測を行なって、航海日誌に書き入れ、これを航海の参考とするようになった。

1872年から1876年にかけて、英国のフリゲート艦「チャレンジャー号」による海洋観測が行なわれると、海洋学は初めて学問としての体裁を整えはじめた。この航海で得られた科学的資料はすべて、徹底的な検証の対象となった。そのため、完全な成果が発表されたのは20年も経ってからのことだった。その間、1876年から1878年にかけて、ヘンリック・モーン教授ら3人のノルウェー人の主導で、ノルウェーの北海探検が行なわれるなどした。

このように、ナンセンがフラム号で極北探検に出たとき（1893年～1896年）、海洋学はまだ胎動のときにあった。しかも、初期の海洋探検は動物学や生物学が中心だった。当時の海の研究、とくに水塊とその運動の研究を、物理学や化学の時代の要請に応えるレベルにまで高めたのは、フラム号における画期的な試みだった。それはまた、海洋学における転機となった。

一方、学者・ナンセンにとっても極北探検は転機となった。帰国した翌1897年、彼は母校のフレデリク王立大学に動物学教授として着任する。研究対象は海洋学に移っていたため、1908年には海洋学教授に異動となり、終身まで在職した。大学での業務と現地調査を交互に行なう生活を送っていたナンセンについて、大学の同僚で、長年の共同研究者であるビョルン・ヘランド・ハンセン教授は、オスロの科学アカデミーにおける1930年の記念講演で語っている。

「フラム号の航海で、ナンセンはプロの海洋学者になった」

では、ナンセンがフラム号で行なった海洋学に関する研究活動とその後の展開を、もう少しくわしくみておこう。

「洋上の研究室」フラム号

ナンセンが極点到達をねらったのはそのとおりだが、探検の第一の目的は、あくまで科学調査だった。フラム号での科学調査の業務には、海水各層の温度と塩分量の測定、海水中に発見される動物の採集と検査、氷の生成の把握、海流調査、オーロラの定期観測などが含まれた。これら調査の主任は、ナンセン自身だった。

フラム号での生活は、はたから見れば窮屈な「氷上の巣ごもり」かもしれない[第3章参照]。だが、ナンセンにとってはそうではなかった。フラム号はさながら、「洋上の研究室」だった。彼はのちに回想している。

「フラム号での日々は、研究を行なう素晴らしい好機だった」

それが学者としてのナンセンの本心であったことは、極北探検後、彼の研究が海洋学に移ることからもうかがい知れることである。

1895年3月、ナンセンはフラム号を離れ、氷上から極点到達に挑むこととなる。フラム号を去るさい、彼は、探検の残りの期間の科学調査責任者に、船長のオットー・スヴェルドラップを指名した。そして、大西洋までの漂流を状況が許すかぎり継続するよう命じた。できるだけ長く科学的観測を続けるためだった。こと海洋の深度測定や氷の厚さの観測については、厳密な指示を残している。気象学、磁気学、海洋学上の観測については、スコット・ハンセンの責任下でこれが継続された。

極北探検で得たデータは科学的に貴重で、北極圏に関する多様な新情報を含んでいた。このときに収集された科学データをもとに、全6巻の学術書籍が発刊されている。その調査結果は長年

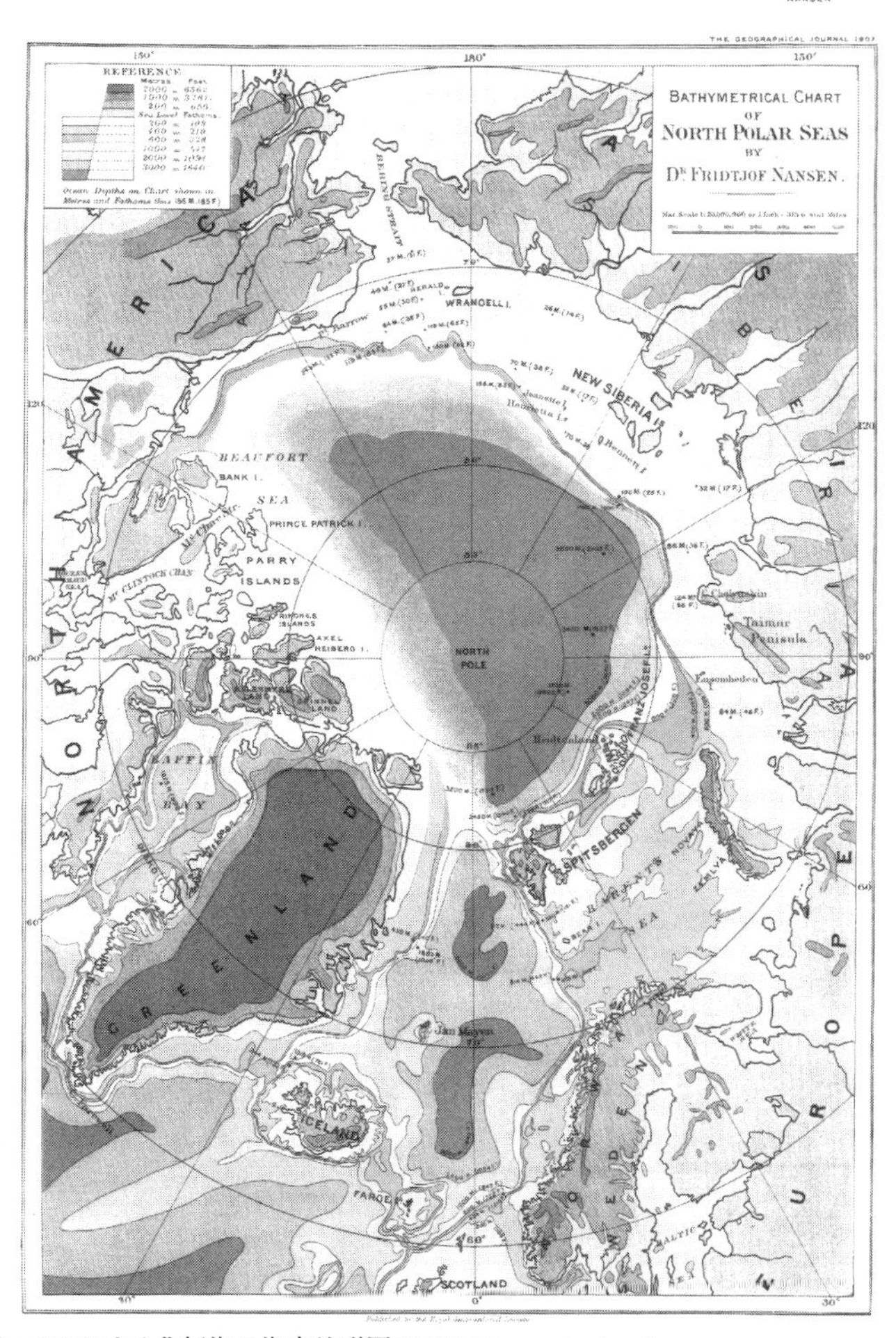

ナンセンによる北極海の海底地形図[Fridtjof Nansen Institute]

にわたり、海洋学や地質学、気象学で活用され、これらの分野の研究を下支えした。

イギリス王立地理学会にとって、ナンセンが極北探検で得た成果は、北極点が陸上にあるのか否かという論争に決着をつけるものだった。地理学会会長のクレメンツ・マーカム卿(きょう)は宣言をした。

「これで、北極の地理の全体的問題は解決された」

北極点は陸地の上にはなく、そこに恒久的な氷盤があるわけでもない。北極海は深い海盆であり、ユーラシア大陸の北に陸塊はない。氷に覆われた深い海があるだけ。この極圏漂流説は以前から唱えられていたが、ナンセンの極北探検がこれを実証した。以上のほか、ナンセンが持ち帰ったデータにより、北極海の水深が4000メートルを超えることも判明した。

科学器具の発明

ナンセンの海洋学に関する研究のこだわりには、精密な測量が欠かせなかった。そのため、彼の周りでは測量技術が高度化し、それに合わせてさまざまな科学器具が発明された。たとえば、私がフリチョフ・ナンセン研究所を訪ねたとき[「はしがき」参照]、実際に見ることのできた器具がある。職員のヒルダさんが棒状の金属製の展示品を指さし、ていねいに説明してくれた。

「深海の深度や水温を正しく知るための試料を、他の海水と混ぜることなく、また成分に影響を

採水器を使って海洋の深層水の温度を測る。1894年7月12日［NLN］

フリチョフ・ナンセン研究所に展示されている「ナンセン採水器」［著者撮影］

与えることなく採取するのは、けっこう難しい作業なんです。それでナンセンが発明したのが、これ。通称『ナンセン採水器』といわれる、黄銅でできた海水試料採取器具です。転倒すると両端のバルブが閉まり、海水を採取する仕組みになっています。船から垂れ下ろすワイヤーに、複数の採水器を適当な間隔で取り付けることで、深海の多層で観測ができるのです」

ナンセン採水器を温度計と併用すれば、採水深度とその場の水温を同時に計測できることから、この発明以来、世界の海洋観測の現場で広く普及した。その後、20世紀も終盤になると、より軽量で、より多くの容量の海水を採取できるよう改良された「ニスキン採水器」にとって代わられるようになった。これを制作したのは米国のシエル・ニスキンだった。もっとも、ニスキン採水器の発想やデザインは、ナンセン採水器のそれと基本的に変わっていない。

また、海水標本の保存方法でも、ナンセンは単純だが大切な工夫をこらした。当時よく使われていたコルク栓のビンに海水を入れておくと、しばらくして水分が蒸発し、標本の塩分濃度が高くなってしまう。そこで彼は、コルクにパラフィンを塗ることを思いついた。実際にやってみると、海水標本を必要な期間、そのままの状態で保存できた。同様に、当時はジュースや炭酸飲料のビンに使われていたパテント・コルクも活用した。

かつてのナンセンの調査助手で、海洋学者のホーコン・モズビーは、1927年に南極海探検に出た。そのとき、ナンセンからこれらのビンとコルクを大量に借用した。それからずいぶん時間がたってからのことだ。モズビーは面白半分に、コルクを外してビンの中の試料を再分析してみた。モズビーはナンセンの工夫のクオリティに驚きを隠せなかった。25年前とまったく同じ結果が出たのだ。

ナンセンはそのほかにも、数えきれないほどの発明と改良をなした。海の流れの強さと方向を正確に測定するのは頭痛の種だった。そこで彼は、とくに海底付近の測定に適した、高感度の振り子式の電流計を製作するなどした。

エクマンへの継承

フラム号の極北探検では、次世代にひきつがれる基礎データと仮説も得られた。ナンセンは天文観測を行ない、船の位置とその漂流の動きを測定していたが、氷が風の方向に流れているのではなく、約40°右へと流れていることに気づく。流氷のあいだにあったフラム号も同じく、右へ右へと流された。そこで彼は、これが地球の自転の影響であるとの仮説を立てた。自転の影響は当時すでに一般に認識されていた。しかし、これを海流に特化して適用する着眼点はほとんどなかった。

だが、ナンセンは数学の訓練をほとんど受けておらず、この仮説を正確に実証する資格が自分にないことを自覚していた。そこで彼は、気象学と海洋学を専門とするフレデリク王立大学のヴィルヘルム・ビヤークネス教授に、吹走流（すいそうりゅう）に与える地球の自転の影響の理論化を依頼した。ビヤークネスは、研究指導していたスウェーデン出身の才能あふれる若き研究者、ヴァン・ヴァルフリート・エクマンを推薦。エクマンが、この研究を継承した。

そして1902年、エクマンは吹走流理論を発表する。風が海水を引きずって起こす海流を吹送流という。エクマンの吹走流理論によると、北半球では風向きに対して表面海流は45°右に、南半球では45°左にずれる。さらに、風向きとのずれは下層に向かって大きくなる。風は気圧の高いところから気圧の低いところへ吹く。しかし、地球には自転があるので、風はまっすぐ向かうのではなく、それた動きをとるのだという。この研究成果は、のちに「エクマン理論」といわれるものの骨子の一部となった。

エクマンはこのあと、ルンド大学（スウェーデン）の力学教授に着任し、やがて海洋物理学界の頂点にまで上りつめる。他方、ナンセンは、自分に数学的基盤がないことをひじょうに悔いていたという。だが、先述した海洋学者のモズビーは、数学的基盤を欠くナンセンが吹走流理論の仮説を立てたことをむしろ高く評価している。ナンセンがエクマンに宛てた長い手紙を読んだモズビーは、吹走流理論の本質を計算なしで見抜いていたナンセンの洞察力に感嘆したという。

ナンセンがエクマンに託した研究がもうひとつある。それは、「死水」あるいは「船幽霊」などと呼ばれる不気味な現象の解明である。風を切って航行したり、エンジンを全速力で回したりしても、船がその場から離れられない状況に突然おちいることがある。それをナンセンはフラム号で幾度も経験していた。そこで彼は、さまざまな深さの水を採取し、その温度と塩分濃度を測定した。その結果、表面には氷が溶けた汽水層、その下に塩分の高い海水があり、そのふたつの層のあいだに境界部があることを発見した。また、その境界部に内部波（液体内部で発生する重力波）が起こっていることも観測した。

エクマンは、「死水」「船幽霊」を水槽実験で再現することで、海水圧縮率の視座からこれを説明することができた。ガラスの壁をとおして観察すると何が起こっているのかがわかるように、一方の水層に色をつけ、小さな船の模型を水中に押しこんだ。すると、水層のあいだですぐに透明な波ができ、船を放すと、この波が船を押し返した。つまり、船の推進エネルギーの一部が内部波を起こすことで消費され、速力が減少することを実験で確認できたのだった。エクマンのこの取り組みは、海の内部波の研究の基礎形成に貢献した。

学者でありつづけたい

ナンセンは、一度何かを調べはじめると、自分に対しても他者に対しても、不確実性や不完全さを許さず、徹底的に究明しようと努める性分だった。解決策に対する彼の議論は、つねに細心の注意をもって考えぬかれたものだった。また彼は、権威ある学者の結論を絶対視することなく、みずから検証し、独自に問題解決の道を探った。それが権威と一致するか否かにかかわらず、みずからの結論を導くことにこだわった。このような態度は、学者として欠かせない、前提となる資質である。ただそれだけではない。彼の研究には、力強い想像力が宿っていた。なにより、自分をとりまく世界のすべてを知り、理解するまであきらめない不屈の闘志がみなぎっていた。

極北探検から帰国したナンセンは、学究の道をふたたび歩みだしたかに見えた。しかし、ノルウェー独立と第一次世界大戦という大荒れの歴史のなか、在英国ノルウェー大使として、また国際連盟ノルウェー代表団の一員として、荒波が待つ外交という名の航海に旅立つことになる〔第5章参照〕。その後は、これまた鉄のような波が吹きすさみ、矢のような風が突き刺さる人道支援の世界に身を投じていく〔第6章～第9章参照〕。

ナンセンは、学者であることを捨てたのか？　彼は外交や人道支援活動への協力を求められたが、自分からそれを望んだことはなかった。助力を請われるたび、「私は学者だから」と言っていったんは断るのがつねだった。そうはいっても結局、実践の世界に飛びこむことになるのだが、新たな挑戦とこれまでの研究をどうにか両立させることをあきらめなかった。国際連盟や人道支援活動の激務のすきまを縫うように、彼は研究を続けた。捕虜帰還高等弁務官としての職責を果たしたあとも、国際連盟総会ノルウェー代表をつとめながら、研究を続けている。しかし、それは容易なことではなかった。彼がまったく新しい何かを切り拓く研究ができたのは、難民などの諸問題に対応する1921年までの期間だった。

最終的には研究から離れるのだが、これについてナンセンは、後悔とも受けとれる言葉を周囲によく漏らした。60代も半ばになったとき、セント・アンドリューズ大学で行なった講演〔第10章参照〕では、聴衆の学生たちにその胸の内を明かしている。

「私は立派な科学者や大学教授になる機会を得た。しかし、それを失ったことを思うと、いまでも少し気が重くなる」

それは本心だった。ナンセンのふたりめの妻、シグルンは、国際連盟の仕事や人道支援活動で忙殺されるなか、時間をつくって研究に取り組もうとした夫について語っている。

「静かに科学に向きあえるときだけ、そのときだけ、彼は本当に幸せそうだった」

モズビーも証言する。

「私は海洋学に携わっていたからこそ理解できる。ナンセンが人道支援活動など他の業務でこの研究を中断したとき、どれほど深く後悔したかを。この分野はいまや彼の専門分野となり、彼自身がその地位を築き上げ、愛情を注いできた。観測表や、北大西洋、極地から持ち帰った図表を見て、彼は満足し、安らぎを覚えていた」

ナンセンの娘のリブによると、在英国ノルウェー大使と国際連盟ノルウェー代表団の一員だった時代、ナンセンは自分を外交官だと思ったことはなかったそうだ。彼にとって、自分のアイデンティティは生涯、学者であり大学教授であったという。「学者でありつづけたい」という願いが、すべてのしがらみから解放されたときの、彼の裸の心だったのだろう。

しかし、である。願ったとおりにいかないのが人生。ナンセンとてそれは同じだった。彼を求める時代の引力は、学者でありつづけたいと願う気持ちよりもはるかに強力だった。

第5章 外交官として

ノルウェー独立に向けて

ヴァイキング時代から続いていたノルウェーの繁栄に陰りが見えたのは、12世紀以降であった。ドイツのハンザ同盟が、ノルウェーの通商貿易のうえで独占的な地位を占めるようになったのが一因である。北欧三国のカルマル同盟が１３９７年に成立すると、急速に勢力を失ったノルウェーは、デンマークの支配を受けるようになった。１５２３年にスウェーデンが分離したことで同盟は解体したものの、ノルウェーはその後も長く、デンマークとの連合王国としてその宗主権下にあった。

１８１４年、ナポレオン戦争で敗れたデンマークは、ノルウェーをスウェーデンに引き渡す。

しかし、ノルウェーはこれに反発して独立を図る。このときに制定された「アイツヴォル憲法」は、モンテスキューの三権分立やフランス憲法、オランダの「バタビア憲法」を参照して制定され、当時の欧州でもっとも先進的憲法だと評された。しかし、列強の圧力もあって独立は頓挫(とんざ)。スウェーデンとの同君連合に入ることとなった。この連合では、ノルウェーに憲法、議会、政府、軍の保持などの自治は認められた。しかし、外交権は否定され、スウェーデンが事実上それを堅持したままであった。つまり、完全独立を望みながら、それにはいたらなかったのである。

　フラム号の成功が伝えられたちょうどそのころ、同君連合の問題でノルウェーとスウェーデンの関係は、緊迫の度合いを高めていた。その背景には、ハンザ同盟の勢力の衰えと、これに反比例したノルウェー産業の再活性化があった。欧州のこのような政治経済のもとで、スウェーデンが保護貿易政策に転じると、通商上の利害の差が拡がり、ノルウェーでは分離独立の機運が一気に高まった。

　だが、両国の見解の違いはとても大きかった。ノルウェー政府は、１８８５年に決定したように、外交政策はこれまでどおりスウェーデン国王の手にゆだねることを望んだ。一方、スウェーデンとの対等な立場を求めるノルウェー国民は、もう黙ってはいなかった。両国の緊張は頂点に達し、１９０５年８月、ノルウェー国民はスウェーデンからの完全独立に賛成票を投じた。ところが、スウェーデンは譲歩を拒否。そこでノルウェーは、軍事力増強に乗りだした。それに対抗し、スウェーデンは艦隊の動員を計画する。いやおうなく、両国は軍事的緊張に包まれた。

「進め、前へ！ 自由なノルウェーへ」

戦争の足音が近づくなか、クリスチャニア大学に所属していたナンセンは、この渦中に飛びこむ。彼は人びとに呼びかけ、鼓舞した。

「進め、前へ！ 自由なノルウェーへ」

ナンセンは軍事力強化を主張する輪の中心にいたが、それでもスウェーデンとの武力対決を望んではいなかった。当時、熱烈な愛国主義集団は、スウェーデンがノルウェーのすべての要求を受け入れないなら、一戦交えるべきだと主張していた。しかしナンセンは、ノルウェー国民がかつて感じた屈辱を思い出そうと彼らに語りかけた。スウェーデンに対する報復ではなく、両国民の未来の関係を見すえながらこう説いた。

「われわれは、自分たちが苦しんだような辱め(はずかし)を他者に課すことを望んでいない。許容と寛容によってスウェーデンを助けよう。それは、われわれにとって合理的かつ賢明なことだ。スウェーデン国民を辱めることなく、連合を解消できるはずだ」

ナンセンは外交官としての特別な訓練を受けたわけではない。しかしノルウェー政府は、デンマークのカール王子を説得してノルウェー王につかせるべく、独立運動の中心にいたナンセンを非公式の特使としてコペンハーゲンに派遣した。カール王子の妻は、英国のエドワード7世の娘、モード妃だった。ノルウェーのカール王子への接近は、英国への外交的な接近、ひいては英国の後ろ盾を得ることを意味した。

ナンセンは1か月近く英国に滞在してノルウェー独立の正当性を関係者に訴え、カール王子のノルウェー国王位受諾の説得にあたった。立憲君主制がノルウェーの国民投票で多数を占めると、ナンセンの外交努力も実を結んだ。1905年11月、ノルウェーは、デンマークのカール王子をノルウェー王ホーコン7世として招き入れた。これにより、デンマーク配下時代を入れると、じつに516年ぶりにノルウェーは独立を果たすことになった。

ホーコン7世[1872-1957]
[Normanns kunstforlag, NLN]

在英国ノルウェー大使となる

独立に寄与したナンセンは国内で絶大な人気を誇り、彼の意見は政府内の議論でも影響力をもった。そのため、ノルウェー首相となるよう誘いがあったという話はことさら驚きではない。また、新政府が樹立されたあかつきには大統領か国王となるようにとも求められた。彼はそのたび、「私は学者であり探検家であるから」という理由で、申し出を辞退していた。本心を言えば、政治家という職業がどうも自分に向いているとは思えなかったからなのだが。しかし、ホーコン国王が大使となるよう要請すると、もうこれを断れなかった。これが、ナンセンが外交官となった経緯である。

1906年、ナンセンは正式にノルウェー初の英国大使となった。その使命は、ノルウェーの独立と領域の維持に対する保証の継続を英国に確約してもらうことだった。交渉は簡単ではなかった。ノルウェーと英国が接近すれば、これを警戒するオランダとドイツを結びつけかねない。英国にとっては外交上のリスクをともなう判断だった。だが、欧州全体の新たな動きに照らし、1907年、英国はノルウェーと条約を結び、両国の安定的関係を確認することとなった。

ロンドンではすでにナンセンのことが知れわたっていたので、彼は大使着任直後から外交の世界にうまくなじんでいた。また、英国王室の面々やエドワード・グレイといった有力政治家とも個人的に友好を深めていった。

　大使着任の翌年、王や王女たちと踊り、公爵たちとカード遊びに興じている最中のことだった。妻のエヴァがクリスチャニアで重体との突然の報を受けた。あわてて帰国の途につくも、その途中のハンブルグで彼女の死を知ることとなる。享年49歳。肺炎による急死だった。ナンセンが自分に会うために戻ろうとするのを知っていたエヴァが、その人生で最後に残した言葉である。

「かわいそうな彼、間に合わなかったわ」

　ナンセンは、外交官としての自分の役目はすべて果たしたと感じた。エドワード7世が説得して引き留めようとしたが、彼は大使の職を辞した。1908年5月のことだった。

　今度こそ学者として生きよう。そう思ったナンセンはフレデリク王立大学に戻った。所属先は動物学から、海洋学を扱う学部に異動となった。これは、フラム号による極北探検後、ナンセンの学術的関心が変化したことを受けてのものだった。1908年から1912年のあいだ、ナンセンは政治や外交の世界から離れ、海洋学の研究と執筆に没頭する。データを入手するため、北極海で現地調査も行なった。その成果は1909年の『ノルウェー海』と1911年の『北の霧の中で』の出版で公表された。

シベリアへの旅

第一次世界大戦開戦の約1年前の1913年の夏、ナンセンは、ノルウェーの起業家で外交官のユナス・リーから、ロシア北部のカラ海に招かれた。ナンセンは当初、プライベートな旅のようなものと理解し、気楽にこの招待を受けた。ただ、招待の意図は、西欧州と内シベリアを結ぶ安全な貿易ルート発見にあった。このルートが見つかれば、木材・鉱物資源産業の市場が新たに開拓される可能性があったからだ。

ナンセンは調査団の一員に加わった。一団が計画したのは、シベリアを抜けてエニセイ川に行き、カラ海を渡って西欧州に向かうルートだった。ナンセンのおもな役目は、カラ海におけるナビゲーションの問題への対処だった。カラ海は北極海の一部で、ナンセンはそこに精通していたからだ。調査団が乗りこんだのは新興の会社が用意した蒸気船で、ロシア帝国政府とロシア帝国鉄道の「ゲスト」という位置づけだった。

極北探検と比較すれば、シベリアの旅はまったく平穏無事なものだったが、この旅はナンセンにとって、もうひとつの転換期となる。それは、人道支援活動家としての道を拓くきっかけのひとつとなった。この旅を通じて彼は、ロシアの文化や社会、ロシア人の生活に初めて触れた。たとえば、ユラクの人びとのようなモンゴロイド系先住民との出会いは、イヌイットと共有した貴

シベリアへの旅、
船上のナンセン
[著作
『シベリアを抜けて——
未来の地』より]

[Stephan Vasilievitsj
Vostrotin撮影、NLN]

馬車に立つナンセン。三昼夜にわたり悪路を進む。1913年9月
[Stephan Vasilievitsj Vostrotin撮影、NLN]

重な時間を彷彿とさせた。だが、ナンセンが衝撃を受けたのは、彼がおそらく初めて出会ったであろう「難民」だった。

ロシア北部奥地のずいぶん不便な村に入ったところで、彼らは生活していた。公式に禁じられていた政治活動に参加していたため、自国政府によってそこに無理やり送られたという。そのうちのひとりは、24歳のアルメニア出身の男性だった。彼は、アルメニア王国独立をめざす政治運動にかかわったため、懲役5年の刑を下された。猟に出ることはもちろん、住居内で読書すること以外すべて禁じられた。移ろいゆく風景を窓から眺め、帰宅を許されるまでの時をそこで過ごすしかない。立場の弱い人びとが受け入れなければならない過酷な運命を目の当たりにし、ナンセンはただ愕然とした。

計2万キロ近くの旅を終えてノルウェーに帰国すると、ナンセンは『シベリアを抜けて——未来の地』を執筆し、出版。カラ海の氷の状態を探り、ナビゲーションに役立つ情報を手に入れるには、航空機の活用が妥当と提言した。

飢餓におびえる中立国ノルウェー

フレデリク王立大学に戻り、ふたたび研究にいそしむナンセンだったが、1914年に勃発した第一次世界大戦のため、情熱を注いできた海洋調査が突然、打ち切りとなった。ロシアの学者たちとの共同研究や南大西洋の調査の計画も頓挫した。軍艦や潜水艦が徘徊（はいかい）し、兵器がそこかしこに敷かれた海で、科学調査など行なえるはずもなかった。

第一次世界大戦中、ノルウェーは、オランダ、デンマーク、スウェーデン、スイスとともに中立国だった。しかし、自国の水産物や木材を輸出する一方、穀類や乳製品などを輸入に頼るノルウェーにとって、食糧確保と中立維持の両立は至難のわざだった。ドイツへの水産物輸出停止をねらう英国などに接近したことから、ノルウェーは、「中立同盟国」などと揶揄（やゆ）された。

戦争が始まると、飢餓にいたるかもしれないという強烈な不安に駆られたノルウェー国民は、まるで理性でも失ったかのように食料の買い占めに走った。「パニック買い」はほどなく収まったものの、その間、市中では商品がたちまち底をつき、物価が高騰した。とくに１９１６年から戦争終結までの2年間は、ノルウェーにとって苦しいときだった。政府の物価上昇緩和策は効果が上がらず、穀物や砂糖については専売制度が導入され、一定の種類の食料が配給制になった。この時期、ノルウェーはほとんどの小麦を米国から輸入していたが、１９１７年3月に戦争に参戦した米国は、ただちに食糧輸出に制限をかけてきた。このあおりで、ノルウェーでは食糧供給がままならなくなり、飢餓にいたるのではないかという不安が国民のあいだで拡がった。

この事態を受け、１９１７年4月、ナンセンは外交の舞台にふたたび呼び戻されることになる。ノルウェー政府は食糧輸入を協議するため、ウッドロウ・ウィルソン大統領政権下の米国、ワシントンに使節団を派遣した。これを団長として率いたのがナンセンだった。通商交渉が始まったが、穀類輸出許可と引きかえにドイツへの水産物輸出停止を求める米国当局とのあいだに妥協点をなかなか見出せず、協議は難航した。ときには、使節団とノルウェー政府との書簡のやりとりに6週間も要することがあった。

そうこうしているうち、ノルウェーの小麦粉貯蔵量は尽きてしまいそうだった。だが、1918年4月、ようやく米国とのあいだで貿易協定が成立した。協定は、ノルウェーがドイツへの水産物の輸出量を引き下げる代償として、ノルウェーにとって不可欠な物資の安定的輸出を米国が確約する内容だった。

ナンセンは、遅々として進まない通商交渉に辟易（へきえき）した。しかし一方で、この経験は、たとえ一

ウッドロウ・ウィルソン［1856-1924］
［米国議会図書館、LC-USZC2-6247］

見あいいれない立場や主張であっても、真摯に忍耐強く向きあうことで妥協点にたどり着ける可能性を体得する場でもあった。なにより、ナンセンは米国政権中枢の人びとに出会い、大きな影響を受けたのであった。

米国での交渉相手のひとりは合衆国食品局長のハーバート・フーヴァー、のちの米国大統領だった。フーヴァーとはすぐに意気投合し、友人となる。フーヴァーは、ナンセンのその後の人道支援活動に貴重なインスピレーションを与え、その道に招き入れた人物のひとりでもある。フーヴァーの紹介でウィルソン大統領に会ったのは、１９１８年の通商交渉時だった。最初の面会では、ナンセンもさすがにかなり緊張したらしい。このようなことが契機となって、彼は国際連盟

ハーバート・フーヴァー［1874-1964］
［米国議会図書館、LC-USZ62-24155］

の活動に徐々に足を踏み入れていくのである。

第一次世界大戦

20世紀初頭、資本主義が進む過程で列強の国家権力と独占資本が結びつき、各国は争って植民地での勢力圏拡大を図った。そこには、米国や日本といった、欧州以外の強国も参入していた。これによって欧州列強の勢力関係の構図が崩れはじめた。またその間、列強のもつ価値基準がアジアやアフリカの従属地域に移入されると、列強と従属地域を軸としながら世界は相互に結びつくこととなる。列強は資源・市場・権力をめぐって争い、さらにはブロック化を押し進めた。このようなことが絡まりあった結末が、第一次世界大戦だった。

１９１４年７月に始まった第一次世界大戦では、大量の弾丸をまるで「幕」のように一斉発射する戦闘方法がとられた。弾丸をよけるため、塹壕を掘りながら陣地を進める「塹壕戦」が主流となった。そのため、「クリスマスまでには終わる」といわれていた戦争は戦線で膠着しがちで、長引くこととなった。

長期化した戦争は、やがて、国家の産業・商業を総動員して戦闘を支える総力戦と化す。交戦国は敵の社会経済構造の破綻をねらい、敵国内にも攻撃をしかけたので、必然的に前線と銃後（直接の戦闘に加わらない一般市民）の区別はつきにくくなった。総力戦がさらに激化していくと、各国の指導者たちは愛国心を喚起し、国民を戦争にいっそう駆りたてるようになった。一般市民の生活基盤の破壊をともなう第一次世界大戦は凄惨をきわめ、それまでの常識をはるかに超える人的・物的犠牲を生みだした。

1918年11月11日、フランスのコンピエーニュの森におかれた列車の中で、ドイツと連合国との休戦協定が締結された。人類に多大な損失をもたらした第一次世界大戦には終止符が打たれ、国際関係が再編された。その枠組みとなったのが、ベルサイユ体制だった。これは、米国のウィルソン大統領が前年に提唱した「14か条の平和原則」を下地とした、第一次世界大戦後の国際秩序を基軸とする体制である。1919年1月に開催された連合国27か国によるパリ講和会議を経て、同年6月に成立している。その内容は、ドイツに対するベルサイユ条約とオーストリアに対するサン=ジェルマン条約、ブルガリアに対するヌイイ条約、ハンガリーに対するトリアノン条約を軸に構成された。

国際連盟──「新しい船」の理想と現実

ベルサイユ体制統括の役割を想定して設立されたのが、国際連盟だった。ベルサイユ条約の第一部は26か条から構成されているが、これが国際連盟規約にあたり、他のすべての講和条約にも共通に定められている。国際連盟は、国際の平和と安全保障を目的とした史上初の国際機関となった。しかし結果的に、第二次世界大戦の勃発を防ぐことはできなかった。そのため、国際連盟は「失敗」に終わったと評されることが多い。しかしその一方、人道・社会の分野では評価を受け、その経験や仕組みは第二次世界大戦後に設立した国連にひきつがれることとなる。そうであるから、この文脈でのナンセンの働きを追跡することには、21世紀においても意味があるのだと思う。

一般市民を組みこむ長期総力戦がもたらした惨害は、ナンセンの心に深い悲しみの刻印を打った。信頼の回復と平和の再建を実現するための答えなどないようにも思えた。だが彼は、軍縮や民族の自決、植民地問題の公正な解決などを謳(うた)ったウィルソン大統領の「14か条の平和原則」に接し、その自由主義的民主主義の思想と国際主義に深く感銘を受けた。そして、この思想にもとづいて設立された国際連盟こそ、ナンセンが求めていた答えだった。

彼はフラム号のことを重ねあわせ、国際連盟を、人類の未来の希望を乗せて新たなコースを帆走する「新しい船」と呼んだ。勢力均衡と秘密外交で建造された古い船は、戦争で沈没した。人びとの強欲の衝撃やエゴイズムの圧力をしなやかにかわすべく、これまでにない発想で設計・建造された船が必要だ。その船は、フラム号のように、だれも見たことのない、まったく新しいものでなければならない。そして、少数の強者ではなく、すべての人びとの同意によって舵がとられるべきである。

そんな思いから、ナンセンは国際連盟への貢献を切望し、ノルウェー代表団の一員としてノル

国際連盟本部の建物、パレ・デ・ナシオン（スイス、ジュネーブ）
1929年から1938年にかけて建設された［Mourad Ben Abdallah ⓒⓘⓞ］

ウェー連盟協会議長の立場で、1919年のパリ講和会議に参加した。ところが、この会議は、彼が理解していた「14か条の平和原則」の理想からはかけ離れていた。ドイツやロシア＝ソ連を排除し、一部の強者にとって都合のよい「古い船」が再建されるかのようだ。

だが、歴史が教えるように、ベルサイユ体制の目的の実態は別のところにあった。それは、ドイツとオーストリアの弱体化を図ること。そして、フィンランドからユーゴスラヴィアまで南北に帯状に連なる国家群を「防疫線」とみたて、西欧州へと拡がる共産主義の侵入を封じこめることだった。米国のウィルソン大統領、英国のロイド・ジョージ首相、フランスのジョルジュ・クレマンソー首相といった主導者たちが講和条約の条件を一方的に決定し、中立の立場にあった小国の意見はほとんど無視された。

大国が決めた条件を、地位の低い小国はただ傍観し、甘んじて受け入れるしかないのか。描かれた理想と、目の当たりにしている現実のはざまで愕然としながらも、ナンセンは、ノルウェーの国際連盟加入を推した。なぜなら、それが、小国ノルウェーと国民の未来にとっての唯一の希望だと思われたからである。そして、もし周りの小国がノルウェーとともに国際連盟に加入し、協調して大国に意見するなら、個別行動よりも望ましい結果が得られるはずだ。そこでナンセンは、ノルウェー以外の北欧諸国も国際連盟に加入するよう説得した。

食糧＝武器――米国の思惑

ところで、ベルサイユで講和が進んでいたころ、ロシアでは、反革命軍や外国の干渉軍と戦うロシア＝ソ連軍の赤軍と、ロシア革命に反対して旧体制復活をめざした軍隊の白軍の内戦が激しさを増していた[第8章参照]。それは1921年に顕在化する大飢饉の一因でもあった[第7章参照]。

1919年のはじめ、米国のフーヴァーやエドワード・ハウスといったウィルソン大統領の側近たちは、すでに食糧事情が悪化していたロシア＝ソ連への食糧援助を外交上のカードに使えば、政治的・軍事的状況を米国有利の風向きに変えられるのではないかと考えた。「食糧＝武器」というわけだ。だが、白軍を支援していた西側諸国からの申し出を、ウラジーミル・レーニンがそう簡単に受け入れそうもない。

そこで米国側は、ロシア＝ソ連との交渉の仲介役として、ナンセンに白羽の矢を立てた。ウィルソン大統領やフーヴァーをはじめ、米国人政治家の多くはナンセンのことをすでによく知っていた。そして、「人道支援の背後にある政治的複雑さに疎い」というのがナンセンに対する彼らの見立てであった。米国側からすれば、ナンセンは政治的に利用しやすい相手だったのだ。一方、人道支援活動に意欲をもちはじめたナンセンにとって、米国側の依頼は不本意ではなかった。そこでフーヴァーは、1919年4月、パリ講和会議の四巨頭に対してロシア＝ソ連への

「公平かつ中立」の人道援助計画を提案し、それはまもなく承認された。

しかし結局、内戦が赤軍の勝利で終わると、当初の政治的前提が崩れ、この計画は頓挫した。飢えに苦しむロシア人に食糧を与えるということは「敵」である共産主義体制を強化することになる、という見方も西側諸国のあいだで生まれていた。内戦終結後にロシア＝ソ連への食糧支援の申し出を行なったものの、人道的ふるまいの裏にある政治的意図を読んだモスクワは、これを断った。ナンセンは残念に思った。

「この計画がもし実現していれば、欧州のいまの姿はもっと違っていただろう。ロシアと欧州のあいだの壁はなくなり、国際経済交流、とくに原材料の輸入によって、欧州は復興のための大きな力を得たはずだ」

このころのナンセンの言葉からすでに、人道支援が、暗闇にある人びとの苦境の緩和だけに向けられたものではないことが読みとれる。彼は、欧州全体の平和と安定、復興を導くビジョンの枠組みに、人道支援を位置づけはじめていた。

ロシア＝ソ連への食糧支援計画は実現をみなかった。しかし、その交渉過程でナンセンは、人道支援活動の道先案内人となるある人物にパリで出会っている。ウィルソン大統領やロバート・セシルとともに国際連盟設立に尽力した英国人で、次章以降に登場するフィリップ・ノエル＝ベーカーである。以来、ナンセンは戦争の後遺症にあえいでいた欧州の立て直しに引きこまれ、生涯にわたり国際連盟の活動に携わることとなった。

国際連盟とナンセン

1919年、ナンセンは長年の友人であったシグルン・ムンテと再婚した。前妻エヴァの死から12年後のことだった。翌1920年から1929年までのあいだ、ナンセンは国際連盟総会において傑出した存在となり、初年度を除き、ノルウェー代表団の団長を実質的に務めた。国際連盟における彼の活動の中心は人道支援だったが、それ以外の分野にもかかわった。

そのひとつが、委任統治に関する報告者の任務であった。委任統治とは国際連盟規約が定めた統治方式のことで、国際連盟から委任された国（受任国）が、独立していない地域（アフリカや中東などの植民地）を統治することをいう。形式上、ウィルソン大統領が唱えた自決権の原則に応えたもので、委任統治領の人びとの福祉や将来の自立の支援を建前としていた。

委任統治へのナンセンの思い入れは強かった。ナンセンは、グリーンランドでイヌイットと生活をともにしたことのある、国際連盟で唯一の人物だった。その経験から彼は、先住民と先進国の人びととのつながりが20世紀における重大な課題だと見て、こう語った。

「世界における先進の人民と途上の人民の関係は、今世紀を運命づけるものであり、計り知れないほど重要なのだ。世界平和とわれわれの文明の基礎が今後どうなるか。その答えは、この関係によって生じる問題をどう解決するかだろう」

1920年11月15日、ジュネーブで開かれた国際連盟第1回総会
ノルウェー代表を務めるナンセンは、4列め左から2番めに座っている
[Boissonnas撮影、NLN]

ナンセンは、国際連盟の委任統治制度が、「脱植民地化」をうながす装置になるかもしれないと考えていた。しかしながら、委任統治制度はそもそも、そのような意図で策定されてはいない。第二次世界大戦後の国連における信託統治(国連信託統治理事会が監督と指導を行なう制度)とは異なり、当時、受任国に管理・統治が委任されていた理由のひとつは、植民地に対する列強の支配権の温存にあった。ナンセンはその背景を承知していながら、しかしなお、英国やフランスなどの列強勢力と10年間にわたり、支配か自立かで対峙した。そこでナンセンは多くの失望を味わった。それでも彼は、国際連盟に平和の灯火(ともしび)を見ていた。いや、それを見出そうと努力を惜しまなかった。

そして年齢を重ねるにつれ、ナンセンの関心は、極地探検に表象される学術的関心や個人的野望から、人道支援活動に移っていった。平和は戦争の砲撃が終わったときに訪れるというのは、たんなる思いこみにすぎない。砲撃がもたらした惨事は、そこからも続く。軍隊が撤退し、講和条約が署名され、国際機関が創設されたあとも、なお長く続くのだ。そして彼は思った。欧州を再建し、平和の維持と安定への鍵(かぎ)となるものがある。それが人道支援だと。

第6章
捕虜の帰還

絶望の淵にとり残された人びと

第二次世界大戦終戦直後、外地にあった旧日本軍兵士らのうち、武装解除され投降した捕虜など多数が、ロシア＝ソ連によってシベリアや各地の収容所に移送された。彼らは長期にわたり抑留されたうえ、奴隷的処遇を受けた。マイナス30度という極寒の地で、労働を容赦なく強要されたことで多くの尊い命が失われた。わずかな黒パンやスープといった粗末な食料しか口に入らない。コレラなどが蔓延（まんえん）する衛生環境のもと、彼らは地獄のような体験を強いられた。

それからさかのぼること約四半世紀、同じシベリアの地で、約25万人の捕虜が絶望の淵（ふち）にとり残されていた。ボロ切れのような制服に身を包み、飢えて凍え、病む者もあった。まるで家畜のように営舎に詰めこまれた。水も食物も暖房もない。生きようと死のうと、なりゆきまかせに放置されていた。世界で何が起きているのか、自分たちの家庭がまだあるのか。そんなことを知るすべすらもたなかった。

第一次世界大戦が終わってから1年半が経過してもなお、多くの人びとがロシア＝ソ連の領域に残されていた。ロシア＝ソ連は、形式的には捕虜を釈放していた。だから正確に言えば、彼らは「元」捕虜なので、どこにでも自由に行けるはずだった。しかし、捕虜の多くは、ドイツ人やオーストリア＝ハンガリー帝国などの出身者だった。出身国がすでに崩壊している場合、「母国」は世界地図から消えている。また、彼らには所持金などない。たとえあったとしても、東欧州の交通手段は破綻し、帰国の方法などない。なかには、それこそ徒歩で家までたどり着こうとした捕虜もいた。だが、多くの命は道端で絶えた。

遠い捕虜収容所にとり残された多くは１９１４年に捕らえられた人びとで、やがて六度めの冬を迎えようとしていた。１９２０年11月に国際連盟に提出した報告書のなかで、ナンセンはつぎのように記している。

「捕虜のほとんどは、4年から6年拘束されている。彼らが経験した苦しみは想像を絶する。剥奪と不安を経験しただけでなく、寒さや飢え、病気、ケア不足、過労などのあらゆる面で、考えうるだけの苦しみを経験している。ロシアの多くの地域の収容所の状態はひどく、捕虜の死亡率は考えられないような高い割合に達している」

だれが歴史を書いてるの？

歴史をめぐる15の疑問　［いざ！ 探Q］

P・バッカラリオ他著
浅野典夫日本版監修
森敦子訳

歴史は、過去の出来事とぼくらがどうつながっているのかを教えてくれる。歴史はどこからはじまる？ 権力って、なに？「歴史が変わる」って、どういうこと？ 過去・現在・未来と続く「人類の物語」を、いざ、探究！　A5判・本体1800円

頭のなかには何がある？

脳をめぐる15の疑問　［いざ！ 探Q］

P・バッカラリオ他著
毛内拡日本版監修
有北雅彦訳

考える、記憶する、感じる、身体を動かす。人間が生きるためのすべてに脳はかかわっている。脳では何が起こってる？ 記憶のしくみとは？ 私と頭、どっちがご主人？ 謎多き脳をめぐる疑問を、いざ、探究！　A5判・本体1800円

お金はなんの役に立つ？

経済をめぐる15の疑問　［いざ！ 探Q］

P・バッカラリオ他著
吉川明日香日本版監修
野村雅夫訳

ほしいものを手に入れる。その方法をとことん考えていくと、「みんなの繁栄」につながる世界のあり方が見えてくる。値段はどう決まる？ なぜ働くの？ 株式会社って？ お金と経済をめぐる疑問を、いざ、探究！　A5判・本体1800円

きらわれ虫の真実

なぜ、ヤツらはやってくるのか

谷本雄治著
コハラアキコ絵

プシューッとひと吹きするまえに、恐る恐る観察してみたら、怪奇で愉快な素顔が見えてきた。虫と対話するナチュラリストが、かれらの生態と意外な魅力を紹介し、ほどよいつきあい方を提案する。　四六判・カラーイラスト&写真・本体1800円

学校が合わなかったので、小学校の6年間、プレーパークに通ってみました

天棚シノコ著

学校をやめて外に出たら、生きた学びがあふれていた。土や火や水にふれて本気で遊び、失敗し、年齢を問わずともに楽しめる関係を育んでいく。外遊びホームスクーラーとして過ごした母娘の日々。　四六判・本体1800円

太郎次郎社エディタス　新刊案内 2022冬–2023新春

表示価格は2022年11月現在の
税別・本体価格です

フリチョフ・ナンセン

極北探検家から「難民の父」へ

最新刊
11月刊

新垣修 著

四六判・上製・320ページ
本体2400円

冒険の精神で時代の闇に道を拓いた巨人

フラム号で極北に挑んだ科学者は、第一次世界大戦後の混乱のなか、戦争捕虜や難民の命を救うために奔走する。1922年、ノーベル平和賞を受賞。ノルウェーの英雄ナンセンの知られざる生涯をひもとく初の和書評伝。

限界ニュータウン

荒廃する超郊外の分譲地

話題！
9月刊

吉川祐介 著

四六判・並製・240ページ
本体1800円

かつてそこは発売即完売の分譲住宅地だった

家より多い空き地、崩れた家屋、公園という名の雑木林……。千葉県北東部には俗に「限界ニュータウン」とも呼ばれるミニ住宅地が多数存在する。その誕生から現状をたどり、利活用と未来を考える。

シベリア、ベレゾフカの捕虜。1919年［米国議会図書館、LC-DIG-ggbain-27581］

ロシア革命がもたらした混乱の渦中で、残された捕虜に関心をはらう余裕は新しい政府にはなかった。命の灯火が顧みられることはなく、飢えと寒さのなかで、それはつぎつぎと消えていった。1920年から1921年の冬が始まるまえに彼らを助けださなければ、またもや多数が飢餓に苦しみ、感染症や低体温などの病で命を落とすことは目に見えている。それだけではない。推定20万人のロシア人が、ドイツ側の捕虜としてとり残されている。母国の余波で帰国を望まない人びともいたが、あらゆる手段を講じてでもロシア＝ソ連にいる家族のもとに戻りたいと願う人びとも多かった。

捕虜帰還をはばむ国際情勢

事態を複雑にしていたのは、革命以降のロシア＝ソ連の国際的立場、つまり、孤立であった。ベルサイユ体制は、反革命・反共産主義の性格をもって誕生した。英国、フランス、日本、米国がそれぞれ革命政府とのあいだで干渉戦争（1918年～1922年）を交えていた最中の1919年1月から、パリ講和会議が開催された。3月にモスクワで世界革命を推進するために第三インターナショナルが結成されると、ロシア＝ソ連に対する疑念と懸念は確実に高まっていった。

やがて、ベルサイユ体制成立を実質的に主導していた米国と英国、フランスは、反革命の立場で歩調をそろえた。その結果、ロシア＝ソ連は敗戦国とともに、ベルサイユ体制の形成にかかわれず、また国際連盟への加盟も当初、認められなかった。

連合国側は捕虜をとり戻したいと思いつつ、しかしだからといって、ロシア＝ソ連と協力する気にはなれなかった。また、欧州にとり残されたロシア＝ソ連の捕虜については、帰還した人びとによって軍隊が強化される事態も嫌った。

このような国際環境にあって、世界から忘れ去られようとしていた捕虜の存在に気づき、手を差しのべようとした団体がいくつかあった。そのひとつが、赤十字国際委員会（ICRC）だった。彼らは、本国帰還の見通しが立たない捕虜を支援しようと試みた。とりわけ、シベリアに抑留されている数十万人の捕虜には懸念を抱かざるをえない。

1919年3月、調査を行なった赤十字国際委員会のジョルジュ・モンタンドンとジャコット・ギラマートは、事態が逼迫（ひっぱく）していることを知った。彼らはすぐにロシア＝ソ連と交渉を開始し、一部の捕虜をバルト海とウラジオストクを経由して輸送する計画を立てた。彼らなりに努力をしたのだが、問題の規模があまりに大きすぎた。結局、彼らの手にはおえず、新たに創設された国際連盟にこの問題をゆだねることにした。

だがこれは、国際連盟にとっても大きな挑戦だった。複雑にからまった外交の糸をときほぐしたところで、なおも突破口は見えそうにない。ないないづくしの状態だった。捕虜がいる正確な場所すら、すべて把握できているわけではないのだから。彼らの出国、通過、帰国と受け入れのすべての局面で、全関係国の同意を得る必要があったが、その見通しも立っていない。たとえ同意を確認できても、移送にかかる費用をまかなうための財源のあてすらなかった。のちにこの問題に積極的に取り組むようになる国際連盟事務総長のエリック・ドラモンドでさえ、当初は捕虜帰還にかかわる権限が連盟にはないと考え、二の足を踏んでいた。

フィリップ・ノエル=ベーカー

そんな国際連盟にも、捕虜帰還への関与を推進しようとする者がいた。それが、フィリップ・ノエル＝ベーカーだった。国際連盟の設立に向けて尽力し、その事務局の中枢で活躍していた英国人の彼は、国際法研究者としても知られる。のちに理想主義者とみなされる彼は、法による平和の達成という思想にこだわりつづけた。すべての国内法体系に共通する要素を国際法によって確立すれば、戦争を廃止できる。そんな、揺るぎない信念をもつ人物だった。ちなみに、彼の名の一部である「ノエル」は、結婚6年後に妻の旧姓をとって加えられた。

人との出会いにはかならず意味がある。ナンセンは捕虜帰還事業を通じてノエル＝ベーカーと出会うのだが、それはまさに、ナンセンの人生の後半に大きな影響を与える出会いだった。ふたりは信頼の絆（きずな）を強めてゆく。仕事のうえでは、ナンセンの1924年までの講演原稿の執筆を多く手がけるなど、ノエル＝ベーカーはナンセンを陰から支えた。やがて彼らは個人的にも友好を育んでいった。

ノエル＝ベーカーはナンセンより30歳ほど若かったが、ふたりにはいくつかの共通点があった。それは、彼らを同志として結びつけていく要素でもある。まず、ふたりとも研究者でありながら、理論の殻に閉じこもるタイプではなく、行動に魅了される生来の活動家であった。クエーカー（キリスト友会）一家の出身ということが、ノエル＝ベーカーの資質の形成に作用していたようだ。ちなみにクエーカーとはプロテスタントの一派のことで、彼らは戦争反対の平和主義に徹し、反戦活動や良心的兵役拒否といった実践でも知られる。ノエル＝ベーカーも、第一次世界大戦時には従軍することなく、救急部署の非戦闘員となった。

第二に、両者ともスポーツをこよなく愛した。ノエル＝ベーカーはスキーや登山の愛好家であ

フィリップ・ノエル＝ベーカー［1889-1982］

ったが、陸上競技ではだれもが認める世界一級のアスリートだった。彼はケンブリッジ大学キングス・カレッジの学部生時代、学生会長と大学運動部長を兼任した初の学生だった。ケンブリッジ時代には4年連続で大学対抗競技大会に出場し、ハーフ・マイル走で優勝。1912年、アントワープオリンピックには英国チーム主将として出場し、1500メートル走で銀メダルを獲得している。

第三に、平和への思考である。両者はともに戦争を徹底して忌避し、国際裁判による紛争の解決と戦争の予防を信じていた。もっと後のことであるが、両者はノーベル平和賞受賞者となっている。ナンセンは後述するように1922年に、ノエル＝ベーカーはナンセンがすでに世を去った1959年にこれを受賞している。

このような共通点はあるが、両者はやがて、自分が持ちあわせていないところを補いあうようになった。ノエル＝ベーカーには新たな世界を切り拓く頭脳と実務能力が備わっていたが、若さゆえ国際的存在感や信用はまだまだだった。一方、ナンセンはすでに実績や国際的名声を得ていたが、還暦以後の人生には新たなビジョンと導きが必要だった。

国際連盟の決断

話を戻そう。ノエル＝ベーカーは、国際連盟の評判を高めることにとりわけ熱心だった。そんな彼にとって、捕虜帰還事業はまたとない好機だった。

国際連盟の設立文書でもあるベルサイユ条約は、1920年1月にならないと発効しない。公式に動きだそうにも、国際連盟にはそれができなかった。追い討ちをかけたのが、米国上院による国際連盟加入の否決だった。世間は、国際連盟のことを、芸術家たちの滑稽(こっけい)な夢想であり、時間と金銭の浪費にすぎないと評しつつあった。だからこそいま、国際連盟は、なにかしら具体的な成果を出し、その価値を世界に知らしめなければならない。

そこで彼らは捕虜帰還について、まず何が問題なのかを調査した。その結果をまとめた報告書では、第一に事前交渉、第二に資金調達、第三に捕虜の帰還（あるいは新天地の用意）の実現という課題が明らかにされた。

これにもとづき、1920年4月に開催された国際連盟理事会では、シベリアからの捕虜帰還事業が優先議題として話し合われた。連盟のドラモンド事務総長はそこで、この事業こそ国際連盟の使命であると理事国代表を説き伏せ、理事会は、捕虜帰還高等弁務官の設置を決断した。ただし、捕虜帰還をなしとげるためには、国際社会から信頼と尊敬を集め、高い道徳心をもち、迅速にかつ毅然(きぜん)と行動できる、そんな人物の人頭指揮が不可欠だった。

国際連盟は、この仕事をゆだねるべき人物がナンセンであることを、早い段階で決めていたようだ。群を抜く長身、鋭い眼光の奥にのぞく海のような青い瞳、雪のような白髪、ツバの広い帽子、堂々とした発声、透明な実直さ。彼が醸しだす独特のたたずまいは、前年のパリ講和会議に参加していた人びとの脳裏に焼きついていた。

ナンセンは探検家として国際的評判を得ていただけではない。なにより、捕虜がいるシベリアの気候・悪天候を経験的に熟知しており、なおかつ中立国の国籍をもつ者だった。米国のハーバート・フーヴァーをはじめ、西側諸国の要人と友好があり、欧州では「生けるレジェンド」として知られる有名人でもあった。さらに、国際連盟にはこの事業にさく予算はなく、ナンセンの個人資産の当面の運用もあてこんでいたようだ。のちに国際連盟の期待は部分的にはかなったようで、高等弁務官に着任したナンセンは、国際連盟から給与を受けとることはなかった。

ナンセンの人道的精神と姿勢に感嘆し、彼を捕虜帰還高等弁務官に推していたノエル＝ベーカーなどは、ナンセンが事業を遂行できるとかたく信じていた。そこで、この理事会のあとすぐ、ドラモンド事務総長はナンセンに電報を打ち、国際連盟理事会にかわり高等弁務官着任について打診した。

クリスチャニアでの会談

当のナンセンといえば、ちょうどそのころ、海岸線の形成と大陸棚に関する論文の執筆に明け暮れていた。ドラモンド事務総長はそんな事情などつゆ知らず電報を打ったわけだが、その連絡はナンセンにとっては思いがけないものだった。ナンセンは、学問の道を捨てるつもりはないという理由で、いったんはこれを断っている。丁重かつ外交的な言葉で断りの電報文を用意するかたわらで、彼がこう言い放ったのを、娘のリブは聞き逃さなかった。

「なぜ、彼らは大学教授にこんな仕事を頼むんだ。もっと適任がいるはずだろう」

ナンセンからの返信を受けとったその日、ドラモンド事務総長は、あらためて電報で説得にあたった。

「国際連盟は、この交渉を行なえるような偉大な経験と威厳をもつ人物を、あなたをおいて見つけることはできません。必要であれば、さらなるご説明のため、秘書をクリスチャニアに遣わせます」

エリック・ドラモンド［1876-1951］

電報のやりとりが続いたあとの1920年4月のある日、ドラモンド事務総長は、ノエル＝ベーカーをナンセンのもとに送った。ノエル＝ベーカーは滞在先のクリスチャニア在英国公使館からナンセンに電話をかけ、自宅までの道順を聞こうとした。ところが、ナンセンは当時の人気車種、フォード・モデルT（T型フォード）で乗りつけて公使館に参上した。ノエル＝ベーカーはさすがに驚いたようだ。このT型フォードは、1918年の米国との交渉時にナンセンが現地で購入したものだった。日ごろは質素倹約が身上のナンセンだったが、T型フォードは例外で、この車に相当入れこんでいた。正直なところ、彼の運転下手はよく知られていた。だが、そんなことなどおかまいなしだ。彼は、ほかのだれかが愛車のハンドルを握ることを許さなかった。

さて、肝心の両者の会談のほうだが、ノエル＝ベーカーにとってナンセンの説得は、少々骨の折れる仕事だった。密度の濃い会談はいっときの休止もはさまず7時間半続き、ときには地図や百科全書を開き、彼らはあらゆることを議論した。ナンセンの質問は容赦なく、極北のブリザードよろしくノエル＝ベーカーを襲った。そもそも捕虜は何人いるのか？　彼らはどの収容所にいるのか？　病におかされているのは何人か？　ロシア＝ソ連政府は協力するのだろうか？　資金のあてはあるのか？　食料や衣料品、列車や船はどこから手に入れるのか？　使えそうな港や鉄道は？――ノエル＝ベーカーは、なにひとつ答えられなかった。当然である。ナンセンにその答えを見つけてほしかったのだから。

会談が終わった午後6時半、ノエル＝ベーカーは、T型フォードのエンジンをかけるナンセンを手伝っていた。公使館前の丘でナンセンの愛車を背後から押しながら、少し暗い心持ちでいた。「もう、ナンセンから返事をもらえることはないのではないか。世界的に著名なこの人が、これほど情報のない仕事を引き受けるというリスクをあえてとるわけがない」

ナンセン捕虜帰還高等弁務官の誕生

ノエル＝ベーカーの心配は杞憂（きゆう）に終わった。両者の会談が終わってから1週間、ナンセンは彼なりにこのことを調べてみた。そのうえで彼は、正式に「イエス」の返事を国際連盟に伝えた。4月下旬のことだ。

いつものように、いったんことを決めてからの彼の動きは疾風のようだった。まずはクリスチャニアを離れ、スイスのジュネーブに入った。ナンセン捕虜帰還高等弁務官の誕生である。58歳だった。そしてこれは、ナンセンが命つきるまで全霊を傾けることとなる、人道支援活動の道への第一歩でもあった。

だが、すでに還暦近いナンセンに、国際政治の世界で新天地を切り拓く野心などなかった。ではなぜ、自身のアイデンティティですらある学者にとどまる道を選ばず、算段すらついていないこの難儀をわざわざ引き受けたのか。ひとつ明らかなのは、絶望の淵に放置され、見捨てられたような人びとに、彼が道義的に心を寄せたことである。またそれ以上に、捕虜を助けられるかもしれない立場に自分がいることを彼は客観視していた。

もうひとつは、国際連盟がその価値を高めたかったのと同じくらい、ナンセンもまた、国際連盟を意義ある存在にしたかった。国際連盟はたんなる理想主義のレトリックではなく、人類を平和の高みに引き上げる実践的手段となりうる。ナンセンは国際連盟にそのように期待しただけではなく、それをみずからの手で実現しようとした。この最初の大仕事でこけてしまえば、国際連盟に未来はないことを彼はよく知っていた。

しかし、捕虜帰還が思った以上に難儀であることが徐々にわかってきた。捕虜帰還高等弁務官としてナンセンがやるべきことは山積していた。各政府との交渉や資金調達に始まり、輸送手段の確保から食料・医薬品などの提供の段どり、人道支援団体の取り組みの調整……。これらの責任すべてがナンセンの肩にかかっていた。だが、彼はすぐに、問題処理能力や交渉技術を発揮し、この任務に適任だったことをみずから証明した。実務能力だけではない。他者から信頼を得るうえで無視しえない、相手を魅了する人柄、人間力もあった。米国・欧州諸国と、敵対するロシア＝ソ連政府とのあいだに立ち、仲介・交渉を迅速かつ適切に行なえたのは、当時、ナンセンをおいてほかにいなかった。

ところで、米国は、欧州に残されたロシア＝ソ連国籍の捕虜に対し、多大な食糧支援を独自で行なっていた。ウッドロウ・ウィルソン大統領やフーヴァーは食糧支援を、欧州安定化に貢献し共産主義を食い止めるための戦略的手段に位置づけていた。しかし、捕虜全員の帰還となると、話は別だ。他の主要関係者との交渉が必要だし、計画全体を見渡しながら調整する手腕も欠かせない。また、ロシア＝ソ連政府を承認しない他の欧州諸国にとっても、捕虜帰還のためには国際連盟の仲介が必要であった。そして国際連盟にしても、仲介の役目を果たせる人物が必要だった。

一方、国際社会から孤立していたロシア＝ソ連は、革命時に白軍を支援した西側に相当な不信感を抱いていて、国際連盟や各国政府との交渉すら拒んでいた。他方では、捕虜を無事帰還させることで、国際社会の承認と尊敬を得られるのではないかとも考えはじめていた。だが、現実には、食料や衣服の供給、輸送手段だけではなく、資金のめどすらたたない。ロシア＝ソ連政府は、かつて頓挫した食糧支援の機会を通じ、ナンセンに一定の信頼を寄せつつも、しかし彼を「無邪気なインテリ」と評し、政治的な利用価値を彼に見ていた。米国政府の首脳陣がちょうど、ナンセンを政治的に利用しやすいと踏んでいたように。「ナンセン、政治的に使い易し」という評価について、米国とロシア＝ソ連の両政府は一致しており、その一致がこの事業を推し進める鍵のひとつであった。

このようなことから、ロシア＝ソ連政府は、ナンセンとの個人的な交渉だけには応じるようになった。1920年7月、モスクワに入ったナンセンは、ロシア＝ソ連政府に迫った。

「あなたたちが私に協力する道を見つけなければ、病気で死にかけている多くの人びとに対する責任は、あなた方に直接帰することになるのですよ」

やがてロシア＝ソ連政府は、ナンセンが国際連盟ではなく各関係国の代理として行動するのであれば、という条件で、彼との交渉に同意した。その後、捕虜釈放に関するロシア＝ソ連との具体的やりとりは、ナンセンから赤十字国際委員会にまかされたが、交渉は順調に進んだ。

逆境を越えて

ナンセンにとって一番高いハードルは、政治交渉よりも資金確保だった。オーストリア、チェコスロバキア、ハンガリー、ポーランド、ルーマニアは戦後の混乱で財政が干上がり、自国民である捕虜を呼び戻すための予算を工面できなかった。国際連盟にも資金はない。そこでナンセンは、パリにある救済信用国際委員会に融資を打診した。この委員会は、国際借款（しゃっかん）による欧州の戦後復興をめざし、連合国各国と西側中立諸国が設立した組織であった。彼は、予算を確保できない国々に、委員会への借款の申請を行なうよう求めた。

当初はこれに消極的だった各当事国の政府も、「捕虜の帰国はのちの経済においても有益である」とのナンセンの言葉を徐々に受け入れるようになった。ナンセンは同時に、委員会に関与する主要各国に根回ししたうえ、１９２０年６月、この申請が認められるよう国際連盟理事会で協力を求めた。各国の反応は上々だった。ところが翌月、救済信用国際委員会から思わぬ電報を受けとる。借款の申請を実質、却下する内容だった。捕虜帰還に反対するわけではないが、委員会がそのために用いられるべきではない、というのが英国とフランスの言い分だった。

英仏両大国のこのふるまいで振り出しに戻ったナンセンは、窮地に立たされた。冬までに捕虜を帰国させなければ、またもや多くが飢えと寒さと病の犠牲となる。時間との勝負なのだ。そこで、英国外務省に20年近く勤めた経験があり、母国と太いパイプをもつドラモンド事務総長が打って出た。彼は、ロイド・ジョージ内閣の一員で保守派重鎮のアーサー・バルフォアのもとにノエル＝ベーカーを送りこみ、英国の翻意を訴えた。さらにナンセンが打った電報も内閣の会議で読み上げられ、インパクトを残したようだ。これらが奏功し、１９２０年7月下旬、ナンセンは、願った以上の額の約束を英国からとりつけることができた。

ところが、苦労は絶えない。約束が実行をともなうわけではないというのは、いつの世でもつねだ。他の欧州諸国の動向を気にした英国は、なかなか支出に動こうとしなかった。ナンセンとの会談に応じたバルフォアがすぐに担当部局に連絡したことで、ようやく現金の一部が銀行口座に振り込まれた。それはもう夏の終わり、１９２０年8月下旬のことだった。

ナンセンは日々、へりくつや冷淡、無関心に囲まれた逆境に立たされていた。だが不思議と、いったんそれを乗り越えてしまえば、期待以上に事がうまく運ぶものだ。英国政府との交渉では、資金の借り入れればかりか、第一次世界大戦中にドイツから賠償として獲得した14隻（せき）の船の使用を同意させることに成功した。これらの船は修理され、バルト海で捕虜を輸送するために使われた。船はドイツの港に収容されていたので、地元住民を乗組員として雇い、すぐに出港することができた。ロシア＝ソ連も合意以上の申し入れをしてきた。たとえば、捕虜を運ぶ列車については週

2日の運行でロシア＝ソ連政府が供給したが、領域内でかかる運賃を無料にした。

ドイツにとり残されていたロシア人捕虜は、フーヴァーの指揮のもと、米国の援助を受けていた。対照的に、国際連盟の援助による関与を嫌ったロシア＝ソ連は、自国内にいる捕虜には十分な食糧や衣服、医薬品を届けることはなかった。そこで、ロシア＝ソ連にいる捕虜には、ベルリンにある「ナンセン・エイド」を介して物資が与えられることとなった。ナンセン・エイドは、1920年9月、ナンセンとロシア＝ソ連、ドイツの政府機関の合意にもとづき設立された慈善団体で、ナンセンの私的財源や寄付などから基金を集めて活動していた。

さらにナンセン・エイドだけではなく、多くの市民社会組織が捕虜支援にかかわった。しかし当初、その動きには統一性がなく、それぞれの努力が分散していたので能率が悪かった。そこでナンセンは、彼らに連携を求め、たがいの連絡が密になるようベルリンに統合本部を設置したのだった。

ところで、第一次世界大戦下で衛生・経済・食糧事情が悪化したロシア＝ソ連では、チフスが拡がった。捕虜収容所も例外ではなかった。チフスは、内戦やロシア革命に追いやられて移動した人びとともに戦後の東欧に流入し、とくにポーランドで流行した。西欧諸国にとって、感染症は脅威だった。これに対抗するため、国際衛生条約が改定されたり、国際連盟内に関連の委員会が設置されるなど、感染症に対する国際協力は当時めざましかった。そのような背景もあって ナンセンは、捕虜が各国に送られるまえに消毒を行なうための予防拠点を設置できた。赤十字社

ポーランドのシュチェチンに到着した、ロシア=ソ連からのドイツ人捕虜の帰還船
1920年9月［NLN］

が中心となり、各港で検疫消毒所を活用し、捕虜に清潔で暖かな衣服を着せたので、彼らの多くは感染症から免れることができた。

捕虜帰還事業の実現で欠かせない貢献を果たしたのが、赤十字国際委員会だった。ナンセンが政治交渉や事業全般の枠組みの設定・管理、資金調達を行なっているあいだ、赤十字国際委員会は実施主体の中軸として活動しつづけた。彼らの働きは、それがなければ捕虜帰還事業が成り立たないほど絶大だった。たとえば、捕虜が新たにベルリンやリガ（ラトヴィアの首都）に到着するたび、入居する仮設住宅を管理した。各キャンプには赤十字社の職員や医者が派遣され、管理一般から、健康診断、消毒、食事の提供、国籍の確認、キャンプの安全性の維持、交通手段の確保にいたるまで、幅広い業務に従事した。

もっとも苦労したのは予算の確保だったが、うれしい誤算が待っていた。さまざまな機関がはじきだした当初の費用見積もりは、捕虜ひとりにつき約２００ドル。仮にロシア＝ソ連政府が協力を拒んでウラジオストクから連れだすルートしか確保できない場合は、ひとりにつき約６００ドルだった。だが最終的には、捕虜ひとりあたり平均８ドル60セントという破格の低予算で帰還させることができた。

大流に乗る人道支援

帰還のおもなルートはバルト海経由だったが、黒海のルートなども使われた。そしてついに1922年の夏、ドイツとオーストリア＝ハンガリー帝国出身の最後の捕虜が、バルト海を越えて帰国。これをもって捕虜帰還は完了した。30か国近い国籍の、計42万7866人の捕虜が、ナンセンの高等弁務官着任からわずか約2年半で、しかも当初の試算より驚くほど低コストで、それぞれの場所に戻ることができた。

1922年9月、ナンセンは任務の完了と事業の成功について国際連盟に報告した。このとき、国際連盟が得た名声の陰にすっかり隠れてしまった赤十字国際委員会への感謝の言葉を忘れなかった。当時の世間の反応について、ノエル＝ベーカーはこう語っている。

「欧州大陸のどの国でも、妻や母たちはナンセンが成したことに涙を流して感謝した」

捕虜帰還事業は、国際連盟が当初願ったとおり、連盟の評価を高める格好の事例となった。ナンセン自身も「成功」と評した背後に、赤十字国際委員会の尽力や支援NGOのネットワークの結束があったのは疑いない。しかし、最大の要因は、それぞれの利害や立場に温度差があったにせよ、当時の主要な国々や関係国が、捕虜問題の解決を共通に望んでいた点だろう。その根底にあったのは、捕虜が本来いるべきところは彼らが属する国籍国であり、その国家が彼らに対して責任を果たすべきだ、という共通認識であった。

それなのに、いざ実行するとなると、なかなかことがうまく運ばない。相互の意思を確認し、目標達成のための実行手段を形成して、具体的に実施に移すための仕組みがなかったからである。だからこそ国際連盟は、多国間の協力なくしては達成できない共通目標が国際社会で生まれた場合、それを達成するためのフォーラムの役割を果たそうとした。捕虜帰還事業に関し、ナンセンはその中心にいて、合意がないときには、それぞれの思惑が合致しそうな部分を探りだし、また予算がないときには、資金があるところから引き出してきた。たとえ障害があっても、利害の一致するところを見つけ、粘り強く交渉し説得することで、共通目標の達成まで関係者を導く。

そこにはもう、不必要な強引さはなかった。彼は、関係各国が基本線では合意しているという大流に身をまかせるように、国際社会という海を「漂流」した。「漂流」しながら、持っているところと持っていないところ、出せるところと出せないところをマッチングさせていった。その結果、40万人以上の捕虜が死の淵から救われた。

外交官としての訓練を受けていないナンセンは、命令に従って調整し、指示どおりに状況を固定するという、上意下達の作業が苦手だった。また、彼の元来の性分なのだろう、だれかが用意した基準に頼るのを嫌い、たとえ周りからどう言われようと、独自のやり方を捨てない自己本位性と頑固さがあった。それは20世紀の外交スタイルとしてはいささか古臭く、彼の外交官としての弱点であった。だが、今回は違った。捕虜帰還事業におけるナンセンの姿勢は、ノルウェー独立や米国との交渉にあたった外交官時代から変化していた。彼は、人道支援分野でさまざまなアクターの利害を調整し協力を促進する、国際公務員のリーダーに変わりつつあった。

ナンセンの捕虜帰還への挑戦をまとめると、極北探検がそうであったように、それは革新的で独創的であった。しかし同時に、大流に身をまかせるフラム号の「漂流」のようでもあったのだ。

第7章 ロシア飢饉

ロシア＝ソ連を襲う飢饉と飢餓

飢饉とは、旱魃（かんばつ）による農作物の不作などの要因で食料が不足し、人びとが飢える状態をいう。ロシア史において、飢饉は珍しい現象ではない。1891年から翌年にかけ、天候不順に時代おくれの農業制度、人口増加といった要因が重なって、ひどい飢饉が発生した。飢餓にいたった人びとにコレラが追い討ちをかけ、推計40万人もの犠牲者がでている。

ウクライナで1932年から翌年にかけて発生した飢饉は、「ホロドモール」という表現で知られる。1929年からヨシフ・スターリンが行なった農業集団化（コルホーズ）のために、穀倉地帯・ウクライナの自営農家（クラーク）の土地は没収され、農民は国営農場の一部に統合された。

その後の穀物徴収が厳しすぎたうえ、天候不順などが続き、ウクライナでは穀物生産量が激減した。ほどなく飢餓が訪れ、少なく見積もっても400万人以上が犠牲となった。近年、ウクライナと欧米などでは、ホロドモールは「人為的」「計画的」飢饉であり、スターリンが企てたジェノサイドと見る向きが強い。

このふたつの歴史的事柄のあいだに、もうひとつの飢饉があった。それは、第一次世界大戦後の1921年から翌年にかけてのもので、ふたつの歴史的飢饉と同様、深刻な飢餓をともなった。他の飢饉がそうであったように、原因は単純ではない。革命、内戦、旱魃に続き、穀物の大凶作が起こり、感染症が猛威をふるった。さらに、都市部の食糧不足をまかなうためにとられた食糧政策のまずさもあって、2000万人から3000万人が餓死しかねない危機に追いこまれた。

とくにウクライナとヴォルガ川流域周辺の事態は深刻だった。人びとは生計の手段を失い、疲れ果て、衰弱しきっていた。刻々と冬が近づくなか、彼らは苦難という橋の向こうにある死の世界に吸い寄せられていくのだった。犠牲者の数は推定500万人以上となった。

飢餓で死にいたるプロセスは残酷である。まず、ほおが落ちこみ、あごがせりだす。眼が濁りだし、手や足、顔が痛みをともなって腫(は)れはじめる。やがて全身がむくみ、永遠の静寂という世界に招かれる。

生き残った人びとは、絶望のなかで愛する人びとを、すべてを家に残し、わずかでも飢えを満たせるものを見つけようともがくのだった。だが、それも無駄な努力で、乾いた草原をあてもなくさまよい、這いつくばったあげく、草、樹皮、乾いた土以外、見つけることはできなかった。
数十万人の子どもたちが道ばたに置き去りにされたが、極寒のなかで氷漬けになる遺体もあった。男性は飢えた野獣と化した。農民は、刈り株のあいだに残った数粒の穀物のために鳥と争った。老婆は夫を殺して食べ、若い母親は親戚（しんせき）の子を殺して食べた。まさに地獄図。人肉喰（ぐ）いが判明した者は、濁った眼と全身腫れあがった姿で連行された。

マクシム・ゴーリキーからの電報

捕虜帰還事業が進むなか、ロシア＝ソ連の飢饉・飢餓のうわさを耳にしたナンセンは、フィンランドに貯蔵されていた魚の塩漬けをサンクトペテルブルクに送るなど、すでにこの問題にかかわりはじめていた。

マクシム・ゴーリキーは、小説『マカル・チュドラ』や叙事詩『海燕（かいえん）の歌』などで知られる、ロシアを代表する作家である。社会主義リアリズム（革命的発展における現実を描きだし、人民を社会主義の方向に思想的に改造する芸術・文学の方法）の旗手であった。そんな彼から、１９２１年７月、西側諸国の要人たちは電報を受けとる。それは、中央ロシアや北コーカサス、ウクライナにおける穀物の大規模な凶作を伝える内容だった。

すべての誠実なる方々へ、
長期の日照りによる穀物の不作のため、ロシア南東の穀倉地帯が打撃を受けた。
この惨事により、数百万人のロシア人が餓死の脅威にさらされている……
すべての誠実な欧州人と米国人に、即時救済を求める。パンと医薬品を与えたし。

ロシア＝ソ連政府の指導者、ウラジーミル・レーニンは、当初、この事態を覆い隠そうとした。しかし、自力での問題解決に限界を感じ、ゴーリキーを使って西側に助けを求めたのだった。私人からの電報とはいえ、実際は、ロシア＝ソ連政府の意向を受け、自国の深刻な事態を公に認め

マクシム・ゴーリキー［1868-1936］

る交信だった。ナンセンも、この電報を受けとったうちのひとりだった。彼はゴーリキーに返信した。

いま、ロシア人を本当に助けられるのは米国だけである。
しかし、そこには重大な障害がある。
米国人が捕虜としてロシアにとどまっていることだ……
それゆえ、まず彼らを早期に解放することを緊急に助言する。
そうしないと、米国からの援助は期待できない。

ナンセンはロシア＝ソ連の飢饉・飢餓を重くとらえ、相当のストレスを感じていた。このやりとりの最中、愛車のT型フォードで山に入り、高ぶった神経の緊張を釣りでほぐすなどしていた。この短い休暇のあと、国際支援の流れをつくるべく、彼は本格的な動きに乗りだすのであった。

米国の動き

ゴーリキーの電報を受けたころ、飢饉に対処するための国際支援がふたつの線で画策された。ひとつは、ハーバート・フーヴァー主導の米国である。フーヴァーはすでに、米国人捕虜の即時釈放を条件に、米国救援局による支援をロシア＝ソ連政府に申し出ていた。彼はナンセンを招いて援助計画の基本指針について話し合い、ウッドロウ・ウィルソン大統領に手紙を宛てていた。それは、「毎月、数千人が飢餓と病で死亡するロシアの食糧事情は、もっとも深刻な問題のひとつ」であることを伝える内容だった。

1921年8月、美しい港街であり、ロシア＝ソ連と西側諸国との交差点でもあるラトヴィアの首都・リガで、米国とロシア＝ソ連代表の会談がもたれた。10日間におよぶ交渉は高い緊張感をはらんでいた。米国は、同国救援局が自前の職員だけで食糧供給を遂行し、他国の関係者の関与を徹底的に排除しようとした。ロシア＝ソ連にとっては厳しい条件だったが、米国の要求に妥協を迫るだけの材料もなく、交渉は米国の思惑どおりに進んだ。そして、両国間の援助協定、通称「リガ協定」が締結された。このとき、ロシア＝ソ連は7人の米国人捕虜を引き渡している。

1か国だけの取り組みでありながら、米国政府は、リガ協定にもとづき食糧支援として6000万ドル以上の資金と300人の人員を投入する。米国が積極的だったのには、それなりの理由があった。この支援を通じてロシア＝ソ連の懐に入ることができれば、共産主義政権を不安定化させる好機となる。フーヴァーはそうとらえていた。「食糧＝武器」という発想は、1919年に画策しながら、ロシア内戦で赤軍が勝利した結果、実行にいたらなかった「公平かつ中立」な人道援助計画のときと同じである［第5章参照］。一度はお蔵入りとなった、対ロシア＝ソ連の文脈での「食糧＝武器」戦略が、数年後に日の目を見たわけである。同時に、フーヴァーは当初よりこの飢饉支援を米国独自の外交戦略に位置づけ、国際連盟や欧州諸国との協力を想定しなかった。

また、米国のこの支援は、同国の余剰農産物を処理する政策の一環でもあった。当時の米国では、トウモロコシなど過剰生産された穀物が国内外の市場で行き場を失い、ときには蒸気機関車の動力とすべく燃やされていた。少なくともフーヴァーは、この支援が自国の剰余農産物の有益な処理手段のひとつとなると考え、これによって農産物価格が維持されることを期待していた。

市民社会組織の動き

もう一方の国際支援の線は、慈善団体などさまざまな市民社会組織が集結した人道活動だった。その中心は、「ロシア人救済国際委員会」の設立に尽力した赤十字国際委員会(ＩＣＲＣ)と、その総裁のギュスターヴ・アドールだった。しかし、運動体の行政・運営・連携の土台が弱かったので、十分に機能していなかった。そこで、ナンセンにふたたび白羽の矢が立ったのである。彼のリーダーシップのもとで活動が一体化・組織化され、その能力とカリスマ性によって資金や寄付金が集まることを期待してのことだった。また、ノルウェーのような中立国の国籍者がリーダーでなければ、ロシア＝ソ連は納得しないだろう。以上が、関係者がナンセンを推す理由だった。捕虜帰還事業を率いることはすでに、ひとりの肩には十分すぎる重荷だった。還暦を迎えようとするナンセンはちょうど、これからの人生を考えはじめていたところだった。

「もういいだろう。残りの人生を科学の追求に捧げよう。家族とともに過ごそう」

ちょうどそのころ、3つの科学研究プロジェクトを進めているところだったので、是が非でもこれを仕上げたかった。だから、飢饉救済事業への協力、すなわち、「ロシア飢饉救済事業高等弁務官」への着任を請われたナンセンは、数日のあいだ逡巡しなければならなかった。

学者に戻りたいという願望はいつも彼の心の中にくすぶりつづけていた。彼は研究者でありつづけたかった。だがそれでも、苦しむ人びとの声と、内なる良心の声に耳を傾けないわけにはいかなかった。

ナンセンの決断

これと同時期、フィリップ・ノエル゠ベーカーは、「ロシア難民高等弁務官」に着任するようナンセンを説得しているところだった。ナンセンはなかなか首をたてに振らない。ところが、ロシア゠ソ連における飢饉・飢餓の実態が明らかになるにつれ、潮目が変わった。深刻な状況を知ったナンセンは、「ロシア難民高等弁務官」と「ロシア飢饉救済事業高等弁務官」というふたつの高等弁務官職を兼任する決心を固める〔ナンセンの難民問題へのかかわりについては第8章参照〕。なお、捕虜帰還高等弁務官やロシア難民高等弁務官とは異なり、ロシア飢饉救済事業高等弁務官の地位は国際連盟を代表するものではなく、あくまで市民社会組織を代表するものだった。

飢饉と難民の問題は根底でつながっているはずだ。だから、国際連盟を代表するロシア難民高等弁務官に着任することで、飢饉救済もまた国際連盟で公式に扱えることになるとの読みだった。このように、ロシア飢饉救済の国際的動きがなければ、ナンセンが難民問題にかかわることはなかったかもしれない。彼は、難民問題以上に、飢饉・飢餓を重く受けとめていたのだ。

1921年8月、リガ協定が締結されたちょうどその日、ノエル゠ベーカーによる舞台裏の調整がうまくいって、ナンセンは、赤十字国際委員会と赤十字社が主導する国際会議に招かれていた。12か国の政府代表と48人の援助機関代表者が集結したこの会議で、ある決議が採択された。それは、フーヴァーとナンセンがロシア゠ソ連への国際支援活動を率いるべきで、両者がともにこの事業の高等弁務官に任命されるという内容だった。しかし、フーヴァーはこれを辞す。彼は5月に米国商務大臣に着任し、米国救援局のほうをはるかに重視する一方、市民社会組織を中心とした援助に関心を示さなかった。他方、ナンセンはこの任命を受け入れ、数日後には活動の準備にとりかかっていた。早速、モスクワに飛んで食料配給方法の算段をつけるなど、ロシア飢饉救済事業高等弁務官として精力的に動きだした。

ノエル゠ベーカーは、ロシア゠ソ連政府が西側諸国から融資を受けることで、この危機を脱することができると考えていた。これは、捕虜帰還事業でドイツなどが国際融資を受けた実績経験をふまえてのことだった。ナンセンはノエル゠ベーカー案に沿って、ロシア゠ソ連政府に対し説

食料を求めて村から出ていく人びと。1921年［ナンセン撮影、NRK、NNL］

得を試みた。だが、ことは容易に運ばない。ロシア＝ソ連にとって西側に融資を求めるということは、飢饉・飢餓に適切に対処できない政府の能力の低さを公に認めることになりかねない。しかし、ナンセンは粘り強く交渉を続けた。結果、ロシア＝ソ連側とナンセンとのあいだで複数の協定が結ばれ、同国政府が巨額の融資を西側に申し込む手はずが整った。

「飢饉よりも大きな脅威は共産主義」

みずから結んだ協定をてこに、ナンセンは国際連盟に対し、飢饉救済事業の承認とロシア＝ソ連政府への融資を求めた。だが、そこから先には進まなかった。いくら訴えても、ナンセンが結んだ協定を国際連盟が承認することはなかったからだ。

「飢饉よりも大きな脅威がある。それは共産主義イデオロギーである」

西側とロシア＝ソ連政権の外交関係が冷えきっていた時期、これが国際連盟における支配的な見方だった。

国際連盟加盟国は、飢饉と飢餓に苦しむロシア人を助けることで、共産主義体制が強化されることを恐れていた。当時、ロシア＝ソ連はまだ、ロシア帝国の正式な継承国として承認されていなかった。そのため、支援事業でこの政府と公式にかかわれば、共産主義政権を認めたと受けとられかねない。国際連盟加盟国はそのことを極端に嫌っていた。加えて、援助額が目標に達する見込みがないことも問題視していた。このような空気のなか、国際連盟事務総長のエリック・ドラモンドも、ロシア飢饉救済事業高等弁務官の地位・任務を、国際連盟の活動に公式に紐づけようとはしなかった。

1921年9月に開催された国際連盟総会において、ナンセンは、数千万の人命を脅かしている飢饉と飢餓の惨事の全体像を説明した。そのうえで、事業を認めない加盟国代表者を猛烈に批判するのだった。

「何万、何百万、いや、何千万の人びとの生命が問われているときに、そのような態度をとることは許されない。正しい支援の方法をとれば、食料はしかるべき人びとに届けられる。私が保証する」

さらにナンセンは、西側各国の消極的姿勢が招く結果に警鐘を鳴らした。

「飢餓に苦しむ人びとの悲劇がこれからさらに増えるだけではすまない。このままだと、欧州諸国とロシアに経済関係が築かれることはないだろう。貿易がなければ、欧州の戦後復興も妨げられる。ロシアとの貿易が他国を助けるのだ」

数千万人を見殺しにできるのか

ところが、このような発言をくり返し、また国際連盟設立時からロシア＝ソ連加入承認を求めていたナンセンもまた、西側諸国からの信用を失っていた。彼がロシア＝ソ連と協定を結んだことを、勝手で軽率な行為だと非難する声が上がっていた。ロシア飢饉救済事業高等弁務官を解任されるべき、との声まであった。ロイド・ジョージ英国首相などナンセンに個人的に理解を示す者もいたにはいた。しかし、おおかたの評価は違った。

「都合のいい道具としてレーニンに利用されているだけ」

中立的立場をどうにか維持しようと努めていたナンセンにとって、これはジレンマだった。飢饉支援事業を成功させるためには、ロシア＝ソ連の協力はどうしても必要で、たがいの信頼を高めていかなければならない。しかし皮肉なことに、ロシア＝ソ連からの信頼が高まれば高まるほど、西側諸国の不信感は強まる。このままだと、同時進行中のロシア難民高等弁務官の仕事にも支障をきたしかねない。

結局、ナンセンの要請は国際連盟内の委員会をたらい回しにされたあげく、不承認となった。もうこれ以上、国際連盟で時を浪費できない。加盟国代表者が演説をしているあいだにも、ロシア＝ソ連ではつぎつぎに命の灯火が消えているのだ。共産主義イデオロギーが恐ろしいという理由だけで、数千万人を見殺しにするなど、この世界で本当に許されることなのか？　ナンセンは国際連盟総会の壇上から、大きな失望とともに、悲しみとも怒りともつかない情念を抱きながら、加盟国代表に語りかけた。

「私は信じている。そこにじっと座り、何もできなくて残念だと、冷淡に答えることなどあなた方にはできないと。人類の名において、純粋で神聖なものすべての名において、私はあなた方に訴える。家では妻や子が待つあなた方に、私は訴える。考えてみたまえ。女性や子どもたちが飢えて死を迎える、これが何を意味するのかを。私はこの場から、各国政府に、欧州の人びとに、そして世界に救済を訴える。急ぐのだ。とり返しのつかない後悔をするまえに」

それでも、万雷の拍手と一般道徳以上の理解を、国際連盟で得ることはできなかった。結局、ロシア飢饉支援を国際連盟の活動の一環に組み入れるというナンセンの試みは、果たされることがなかった。

民衆に訴える

国際連盟での説得に失敗したナンセンだったが、すでにロシア＝ソ連国内で市民社会組織主導の支援が始まっていた。とにかく資金を確保しなければ。そこで、慈善団体などの市民社会組織と協力し、また個人的ネットワークを駆使し、民衆に訴えることで資金を調達しようとした。

1921年11月・12月、ナンセンはヴォルガ地方で現地調査を行ない、悲惨な光景を目に焼きつけてきた。

「これほどの不幸と苦痛がこの世にあるのか！」

彼が目にした情景を、絶えまなく人びとに伝えた。寄付を懇願しつづけた。

「考えてほしい。各国政府は、戦争で世界を破壊するためにどれだけお金を使ったことか。考えてほしい。それと比べれば、数百万の命を救済するためにかかる金額など、微々たるものだということを。もし、この事態がさらに1年続けば、歴史はわれわれをどう見るだろう？　われわれの子どもたちと未来の世代は、われわれのことをどう思うだろう？」

そして、人びとには変革が必要だと説く。

「人類を救うたったひとつの方法。それは、私たちの姿勢を根幹から改めることだ。隣人を愛することだ」

ナンセンは、スカンジナビア諸国、英国、フランス、オランダ、スイスの都市で「巡回講演」も行なった。そのさい、民衆の関心と理解を高めようと、現地で撮った写真をスライドで見せた。さらに、撮影したフィルム映像を上映した。当時としては画期的な広報の手法だ。YouTubeと連動させたクラウドファンディングなど想像すらできない、100年前のことである。映画がサイレント（無声映画）からトーキー（映像と音声が同時進行する映画）に移るこの時代、ナンセンは、映像が資金調達で果たしうる可能性に気づいていた。

ナンセンが発する言葉や、彼が見せる写真・映像は民衆の関心を引き、相当の募金が集まった。しかし、欧州各国の政府はあいかわらず、彼の活動には冷たかった。1922年3月、英国議会は、ロシア＝ソ連政府に融資をいっさいしないという決議を採択している。ロシア＝ソ連にとっても、西側諸国の態度は嘆かわしいことだった。だが反面、まったく信用していない国際連盟の

ナンセンが撮影した写真から
1921年11月〜12月

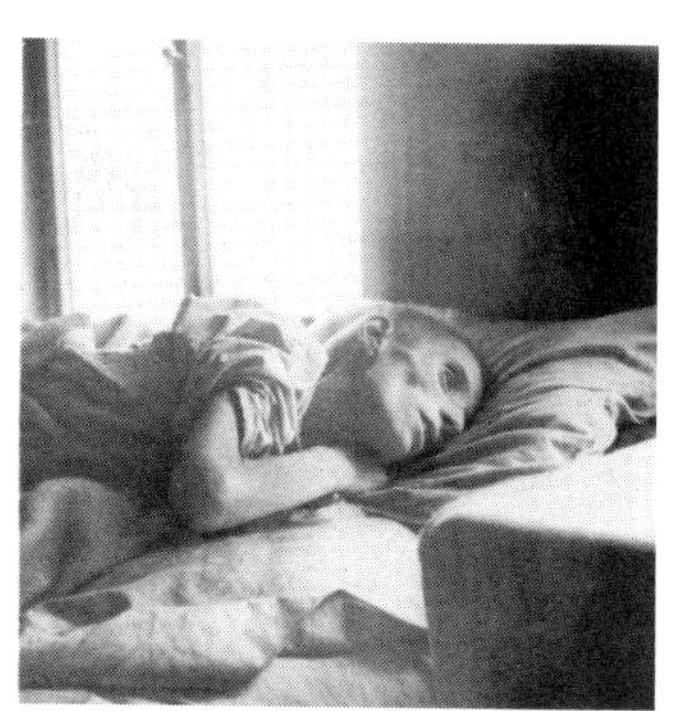

マークシュタットの病院で

ヴォルガ地方の孤児院にて

多くの子どもたちの遺体。ブズルクにて[3点ともにNRK、NNL]

関与なしに、市民社会組織から直に支援を受けられるのは、それなりに好都合という一面もまた否定できなかった。

もうひとつの問題は実施面だった。それにかかわったのはナンセンの同僚たちだった。捕虜帰還事業で重要な働きをしたエドゥアール・アントン・フリックやその代理人のジョン・ゴーヴィン、さらにはヴィドクン・クヴィスリングが、食料や医薬品、生活物資の買付・配給の調整役となった。だが、感染症の危険やロシア＝ソ連側との意思疎通の問題、モスクワ在住職員の能力不足が障害となり、配給の現場はほとんどカオスだった。支援を受けるべき人びとに確実に配給される仕組みが築かれることは、最後までなかった。

ロシア＝ソ連の人びとのためのナンセンとその仲間たちの活動は、１９２２年に徐々に停止しはじめ、翌年秋には完全に終了した。それは基本的には、ロシア＝ソ連政府の見解にもとづく判断だった。すでに危機的状況を脱しており、他国に輸出するまでに穀物生産事情は回復したというのである。

しかし、そのような見方は、ナンセンらの実感とはかけ離れていた。彼らの視界からは、飢饉はまだ消えてはいなかった。自国の食糧供給制度が十分に機能せず、農業計画がうまくいっていないことを公に認めることで、国際的威信に傷がつくことをこれ以上は看過できない――それが、ロシア＝ソ連政府の真意だとの見方もあった。そのため、ロシア飢饉救済高等弁務官の任を解かれて以降もしばらく、ナンセンは独自に援助を続けていた。

大流に抗う

ナンセンとその仲間たちの活動は国際連盟の外で機能するほかなく、また司令塔となる組織を設置することは最後までできなかった。結果、パッチワークのような対応に終始した感は否めない。対照的に、はるかに統制された指揮系統下で多くの資金と人員を投入した米国救援局は、ウクライナやヴォルガ、クリミアで1000万人以上の人びとに日常的に食料を提供していた。ナンセンも、米国救援局の成果に惜しみない賛辞を送っている。

ナンセン自身は、より中長期的な視座からロシア＝ソ連の飢餓のことを考えていた。人道支援を開発援助計画の一部に組み入れ、人びとの自立まで射程に含めた持続的制度を構想していたのだ。それは、飢饉が起こってしまってからの対症療法だけではなく、予防的視点を含む支援の発想であったように思う。

「ヴォルガやウクライナの人びとを死の淵から救いだすだけでは不十分だ。彼らがみずからを管理できる手段を備えるまえに、見捨ててはならない。真の慈愛とは、ある一時期の病を止めるために一時的に支援を与えることではない。その患者に最後まで向きあうことである。健康をとり戻し、日常生活を再開できるようになるまで、患者を見捨てないことである」

だが、西側諸国だけでなくロシア＝ソ連も、そのようなことを望んではいなかった。

またナンセンは、西側諸国が早急にソ連を承認して国交を結び、国内のインフラ整備を進めることで、凶作・飢饉、ひいては飢餓を防ぐことができると考えていた。ロシア＝ソ連の安定が、欧州・世界の平和につながると彼は信じていた。しかしながら、英国がソ連を承認したのは１９２４年4月、米国が承認したのは１９３３年11月になってからのことだった。

国際連盟加盟国は、ロシア＝ソ連内にとり残された西側諸国国籍の捕虜の帰還と、共産主義体制から逃れてきたロシア＝ソ連出身の難民・無国籍者の保護には意義を見出していた。また、ロシア＝ソ連から出国した人びとへの国際的な対応は、実行可能なことでもあった。それは、関係国の利害や関心に根を張っているか、少なくとも矛盾しないという意味で、当時の国際社会の大

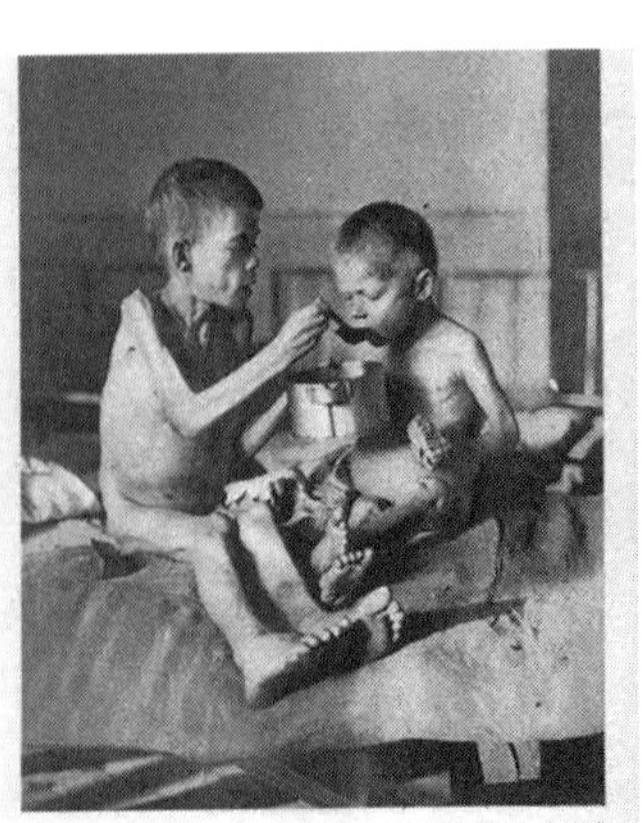

飢饉支援の資金を集めるために1922年に発行されたポストカードのひとつ［写真:ナンセン］

子どもたちが食料配給所で受けとる食べものを味見するナンセン[NLN]

流と同方向にあったからだ。

一方、ロシア＝ソ連国内に留まったままの人びとへの人道支援活動となると、話は違う。国際法の視点からすると、そのような支援は内政干渉とみなされかねなかった。ナンセンは、ロシア＝ソ連への人道支援活動が国際連盟の支持のもとでダイナミックに躍動することを期待していた。だがそうならなかったのは、彼の思考と動きが「国際社会の大流」と逆向きだったからだ。彼は強い大流に押し戻された。難破はどうにかまぬがれても、ねらった目標地点からはほど遠い下流にしかたどり着けなかったのである。

老いゆくナンセン

もちろん、ナンセンらがなしとげたことを過小評価してはならない。正確な統計が残っているわけではないが、推定50万人(うち大多数が子ども)に食料を供給することで、彼らの命を救った。そして、政治的・戦略的事情で国際機関がタッチできないような場合、市民社会組織がこれにかかわり、人びとの命の救済を見すえて積極的に活動するという、その経験は、続く時代の人道支援活動のあり方、とりわけ公的機関とそれ以外との関係のあり方に多少なりとも影響を与えた。

飢饉による飢餓という壮絶な不幸を目撃したナンセンは、自身の情熱と時間を惜しみなく支援活動に捧げた。だがそれは、これまで何事にもかえられないと思っていた望みを永遠に捨てることでもあった。それは、学者として研究活動に生きるという道だった。その意味でこの選択は、彼の人生におけるもうひとつの分岐点ともなった。

それでも、仕事以外のすべてを放棄するわけではない。孤独を愛する時間、自然の一部に戻ることができるアウトドア生活の時間——それはつかの間にすぎなかったのだが——まで失ったわけではない。彼はそう理解しようと努めたが、しかし、心の奥に感じる痛みをごまかせなかった。

この事業は、彼が取り組んだすべての人道支援活動のうち、危機に脅かされる者の数がもっとも多く、またもっとも過酷なケースであった。他者の目には、そのころのナンセンが急に老いたように映った。極北調査に熱中していた若き日のナンセンを知る英国人作家、アレック・トゥイディは、ロシア＝ソ連に同情して国際連盟で孤立していくナンセンの悲愁を、栄光のときと比較してこう描写した。

「腰を曲げ、白髪になった老人……ヴァイキング号のころの素晴らしき青春時代と比較すると、なんと悲しいコントラストか……」

ナンセン自身も、飢饉支援活動が彼を追いつめていたことを認めている。しかし、自分を哀れなどとは思っていなかった。たしかに、疲れることもあれば落ちこむこともあった。だが、疲労や落胆に屈することはなかった。なにより、その存在感と他者への影響力は衰えてはいなかった。彼はまだ、求める人びとに応える力を持っていた。そのことは、難民への国際的対応の局面で遺憾なく発揮されるのである。

第8章 難民支援

パリのタクシードライバー

哲学者や芸術家が集う社交場のようなカフェを横目に、エレガントなカクテルドレスに身を包んだ女性たちが、にぎやかに談笑しながら通り過ぎる。そんな1950年代のパリの街頭で、ひとりの英国人男性がタクシーを拾って乗りこんだ。彼の名はフィリップ・ノエル＝ベーカー。捕虜帰還事業やロシア＝ソ連への飢饉支援、国際連盟での活動などを通じ、ナンセンの盟友となった人物だ。彼は車内で、タクシードライバーとの会話に興じていた。

タクシードライバーの年齢は70歳近いだろうか。しゃんとした、立派な男性だ。そんな彼がふと、身の上話を始めた。その内容は、ノエル＝ベーカーにとって思いがけないものだった。

「もう30年以上もまえのことなんですが、私、ロシアのピョートル・ヴラーンゲリの軍隊の兵士だったんです。それでクリミアにいたんですよ」

彼の過去を理解するために、少しだけ、歴史をおさらいしておこう。１９１７年のロシア十月革命のあと、ウラジーミル・レーニン率いるボリシェヴィキ（左翼多数派でソ連共産党の前身）は、ソビエト政権において一党独裁体制を打ち立ててみせた。その政権がつくった軍隊は「赤軍」と呼ばれた。ちなみに、赤は共産主義のシンボルカラーだ。

これに対し、レーニンの独裁に反発して結成された反革命軍は、「白軍」と呼ばれた。この白軍がソビエト政権に対して武装蜂起（ほうき）し、ロシアは内戦状態に入る。やがて、英国とフランスから支援を得たヴラーンゲリは、白軍を率いてクリミアから北進を開始した。そして、このタクシードライバーも、白軍兵としてクリミアにいたというのだ。

「ですけど、１９２０年の11月のことです。白軍は赤軍に敗れてしまった。私たち白軍兵は家族や仲間を連れて、命からがらコンスタンティノープルまで逃げたんです」

コンスタンティノープルは現在のイスタンブール。オスマン帝国の都としても栄え、欧州とアジアを結ぶ交通の拠点、商業の中心地だった。敗戦によって白軍兵が流れこんだ当時のコンスタンティノープルをおもに支援していたのは、フランスだった。

「着の身着のままで寒さに震え、食べ物や飲み物すらほとんどなかった。私はこのまま死んでしまうんだな、そんなことが頭をよぎったんです。うん、絶体絶命」

「そんなとき、コンスタンティノープルに救援の船が到着して、私たちを助けだしてくれました。その船は、フリチョフ・ナンセンというノルウェー人が用意してくれたもので、私たちは『ナンセン号』と呼んでいました」

きらびやかでありながら荘厳なパリの街並みが、車のサイドウインドウから絵巻のように描きだされているはずだった。だが、それを鑑賞する余裕はない。ノエル＝ベーカーの意識は、タクシードライバーの言葉にからめとられていた。１９５０年代のパリで、たまたま乗り合わせたタクシードライバーが、まさかあのナンセンに助けだされていたとは。ノエル＝ベーカーの驚きなどつゆ知らず、彼は続けた。

「私たちはソ連政府に抵抗して戦い、敗れて外国に逃れた兵士です。パスポートなんてのはありません。ですがね、フランスでは『ナンセン・パスポート』っていうのをもらったんです。おかげで、中南米なんかに渡ることができましてね。その後はフランスに戻って、こんなふうに、人として生活を送れてるわけです。私はいまだにね、ナンセン・パスポートを肌身離さず大切に持っている。だって、これまでずっと、私を守ってくれたんですから」

ノエル＝ベーカーは、胸にこみ上げる熱いものを感じた。それはたんなる郷愁とは異なる。ふた昔以上まえにこの世を去ったナンセンに対して抱く、誇りのような感情だった。彼は目を閉じて、静かに語りかけた。

「なぁ、いまの話を聞いたかい？　君たちがやったことはけっして無駄ではなかったんだ。いや、価値あるものだったんだよ。君は覚えているかい？　この人たちを守るために闘ったあの日々のことを……」

国家に「抱かれなかった」人びと

第一次世界大戦後の講和に向け、米国のウッドロウ・ウィルソン大統領が提唱した「14か条の平和原則」には、民族の「自決」が含まれている。それぞれの民族は自らのことを自らで決めるべきだ、とする考えである。民族主義が高揚するなか、自決は、第一次世界大戦末期に帝国を解体に向かわせた。同時に、東欧とバルカンに小民族国家群を生みだす原理にもなった。それだけ、歴史にインパクトを残した原則である。

ロシア帝国とオーストリア・ハンガリー帝国、オスマン帝国が解体すると、フィンランドなど8か国が世界地図に新たに加わった。ベルサイユ体制はこの一連の流れを追認したものだったが、講和諸条約で示された国境は、大国の利害や思惑を含んで引かれた。そのため、宗教・文化・言語が複雑に入り組んだ実際の民族分布を、正確に反映するように国家が形成されたわけではなかった。

台頭した国民国家では、ナショナリズムが高まっていた。結果、国内にいた少数民族は、そこから排除されるようになった。住民交換が行なわれ、少数者保護条約が結ばれるなど、彼らをいずれかの国が引き受ける手段が模索された。しかし、すべての民族（ネイション：nation）がいずれかの国家（ステート：state）にすっきりと収まることなど現実にはなかった。どの国家からも拒まれ、「抱かれなかった」人びと――それが難民や無国籍者だ。彼らを待ち受けていたのは、祖国からの追放や入国拒否。ロシア系、アルメニア系の人びとのみならず、ユダヤ人なども、当時、国家に拒まれ「抱かれなかった」民だった。

ところで、現在の国際法では、「難民」と「無国籍者」は定義上、明確に区別されている。だが100年前は違っていた。ふたつの単語に厳格な区別はなく、国際行政文書などでは互換的に使われることもたびたびだった。本書でも、基本的に両者を区別することなく、「無国籍者」をあえて強調する必要がある場面以外では、「難民」とひとくくりで表現する。

さて、第一次世界大戦後の国家再編に加え、革命などによる政治的・社会的混乱も、人の強制移動の原因だった。なかでも、多数の人びとがロシア＝ソ連から出国したことは、当時の欧州にあって歴史的出来事だった。ノエル＝ベーカーがパリで出会ったタクシードライバーを含め、白系ロシア人（ロシア革命に反対して国外に逃れたロシア人）の多くは、まずコンスタンティノープルに避難した。彼らはやがて、バルト諸国、ポーランド、トルコ、ブルガリア、ユーゴスラビアのみならず、中国（満州や上海）、そして日本にまで達していた。

ボリシェヴィキの台頭という政治的要因に加え、旱魃に起因した飢餓や感染症も原因となり、1919年から1922年にかけ、多くの人びとがロシア＝ソ連から逃れた。ユダヤ人、ドイツ系住民、白系ロシア人などが目立ったが、難民の宗教や民族、政治的立場はさまざまだった。

1921年12月、レーニンは、無断でロシア＝ソ連を離れた人びとの国籍を「ひき剝(は)がす」政策、国籍剥奪を執行するための法令に署名した。結果、100万人が「公式に」無国籍者となった。

彼らは、第一次世界大戦後の混乱や不況からまだ脱していない欧州諸国に容赦なくなだれこんだ。無秩序に流入する多数の「他民族」は、各国の政治状況を不安定にし、雇用状況を圧迫する要因とみなされた。警戒感をあらわにした各国政府が、彼らを歓待し、国籍とパスポートを与えることなどあろうはずがない。かといって、パスポートを持たない彼らを「母国」に送還することはできない。やがて彼らは国境の「裏口」から追いだされ、あるいはみずから脱出し、とある国から別の国へ、とある場所から別の場所へと「越境流浪」を余儀なくされるのであった。

国際難民制度の産声

ロシア＝ソ連からの難民の流入が続いた地域では、住民の生活や経済状況が圧迫された。のみならず、都市部の衛生事情が悪化し、感染症発生などの危険性を高めることとなった。難民の国際移動の手段と受け入れ場所を確保するだけでは不十分だ。彼らの流入が集中する諸国・地域の負担を他国が分担し、事態を緩和する必要がある。ここにきて、市民社会組織はそう認識するようになった。

1921年2月、赤十字国際委員会(ICRC)は非公式の会議を開き、この人道的危機にどう対処すべきかについて、市民社会組織や国際労働機関(ILO)事務局、そして国際連盟と話しあった。もはや彼らだけで対応することはできそうにない。なんらかの国際協力が必要という点で意見は一致した。この結論にもとづき、赤十字国際委員会総裁のギュスターヴ・アドールは、国際連盟理事会に書簡を送り、ロシア＝ソ連出身の難民の対応について注意喚起するとともに、彼らの救済を訴えた。また、成功裡に終わりそうな捕虜帰還事業［第6章参照］で責任の中核を担ったナンセンが、難民への対応でも同様に高等弁務官に任命されるべきだと提案した。

ナンセンもまた、捕虜帰還事業が中盤にさしかかったころ、難民の窮状に気づき、これを国際連盟に伝えるべきだと考えていた。1921年6月に捕虜帰還事業について国際連盟に報告したさい、彼はこう締めくくった。

「私が託された任務は捕虜帰還に限定されていたが、その業務を通じ、欧州がこれ以外の問題にも苦しんでいるという結論にいたった。捕虜に加え、相当数の人びとが難民として異国に住んでいるということを伝えなければならないと私は感じている」

ちょうどそのころ、国際連盟は、「ロシア難民高等弁務官」という新たな職を設置することを決めていた。国際連盟事務総長のエリック・ドラモンドは、この新たな役職の有力候補であるナンセンに打診し、着任の意向を探った。しかし、還暦を迎えるナンセンは、残された人生の使い方を思案し、これをいったん断っている。

「長いあいだ、3つの科学研究プロジェクトが放置されたままだ。いま、これを終わらせなければ。結局、私にとって研究こそ、自分の本当の仕事なのだ……」

だが、国際連盟もあきらめず、ノエル＝ベーカーをナンセンのもとに送りこんだ。もっとも、ノエル＝ベーカーはナンセンの胸中を察していたし、国際連盟がナンセンに重責を用意する一方、予算をほとんど与えないことも予測できた。

「ナンセン以外に、この仕事をなしとげられる人物がいるなら、いったいそれは、だれだというのか？」

罪悪感を打ち消すように独りごち、ノエル＝ベーカーはナンセンを説得しようとした。しかしナンセンは首をたてに振らなかった。

だが、思わぬところで流れが変わった。ロシア＝ソ連における飢饉・飢餓の深刻さを知るにつれ、ナンセンは国際的対応への道を模索しつづけていた。ロシア難民高等弁務官の職務を受け入れれば、ロシア＝ソ連における飢饉・飢餓の問題もセットとして、国際連盟で正式に扱えるのではなかろうか［第7章参照］。そう考えたナンセンは、ドラモンド事務総長が1921年8月6日に送った電報に返答した。

「喜んでお引き受けしましょう」

1921年8月23日、ナンセンはロシア難民高等弁務官に任命された。この日、難民への国際的対応が公式に組織化された。21世紀の現在までひきつがれる国際難民制度が産声をあげた瞬間だった。

背に腹はかえられぬ国際協力

だが、捕虜の帰還とは異なり、本来、自国が責任を負わない人びと（難民や無国籍者）を受け入れることに、各国は乗り気ではなかった。フランスとスカンジナビア諸国を除いて、各国は国際協力という選択肢には少なくとも前向きではなかった。実際、彼らの存在や流入に対し、欧州諸国は当初、限られた国家間による行動で、あるいは個別の行動で対処していた。

まず、列強のフランスと英国は、ロシア＝ソ連と交渉して難民を帰還させようと試みた。しかし、当事国間に横たわる不信感のため、うまくいかなかった。そこで英国は、東欧諸国に対し、難民を受け入れるよう説得する。これも、明らかに失敗だった。また、流入の影響を受けていたブルガリア、ポーランド、フィンランド、スイス、チェコスロバキア、ユーゴスラビア、中国などの国際連盟加盟国は、それぞれの政策で個別に対処していた。しかし、問題解決が望めないなか、財政的に苦しい状態に追いこまれていた。

列強を含めどの国家も、苦境にいたった難民の状況に対応するための有効な手立てを見つけられない。欧州各国はなぜ、難民をそこで放置せず、難民高等弁務官の設置とナンセンの指名とい

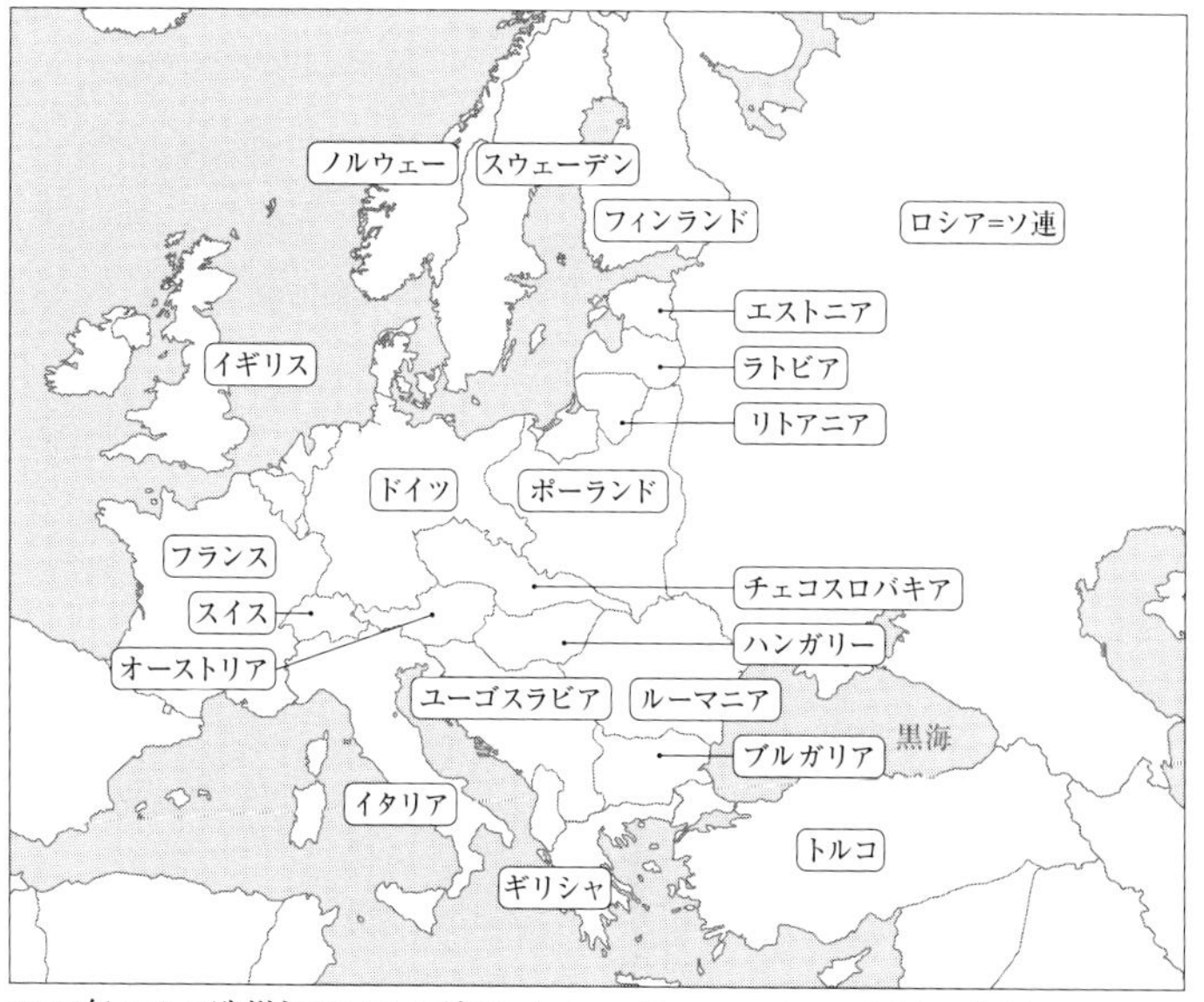

1920年ころの欧州とロシア=ソ連［Red_Baron/Shutterstock.comをもとに作成］

う国際協力でこれを解決しようと臨んだのか？　もちろん、憐憫の情と博愛の精神がその理由のひとつだったことに疑いはない。しかし、それだけで国際協力が実現したとは思えない。見落としてはならない現実は、「背に腹はかえられぬ国際協力」という一面である。

　難民や無国籍者の発生は、欧州各国に共通した頭痛の種だった。当時の国際法学者ロバート・ジェニングスは、彼らの状態を、「国際法上わずかな空間すら持たない異常な存在」と表現した。ベルサイユ体制下での欧州の新たな国家体制では、人はみな国籍の原則にしたがって、いずれかの国家に属しているはずだった。ところが、その前提では説明がつかないのが難民や無国籍者だ。理論上、彼らについて説明する余地、つまり「空間」は存在せず、その存在は「異常」とみられたのだった。

　国籍を持たない人びと、あるいは国籍国から棄てられ他国に逃れた人びと。「いかなる国家も責任を負わない人びと」＝難民や無国籍者を、どの国家も受け入れようとはせず、不法に入国した人びとを他の国家に「投げ棄てる」ことすらあった。そのような行為の反復や応酬は、やがて、欧州の国際関係に緊張感や亀裂すらもたらすようになった。そして、この理論と現実の齟齬が、新しく生まれた国際秩序に動揺を与えかねない深刻な事態だと、欧州各国はとらえるようになった。そのため、新秩序の安定をおびやかす難民や無国籍者問題の解決を望むようになったのだ。

　しかし、だからといってどの国も、国家主権の一部を放棄してまで、無条件に難民や無国籍者を受け入れるつもりなどない。各国は行きづまった。そこでやっと、国家主権を害さない範囲で、相互に協調・協力する以外に道はないと悟るようになる。その役割を果たすために設けられたのが、ロシア難民高等弁務官だった。

そうであるにせよ、「ナンセンをロシア難民高等弁務官に」という提案には抵抗もみられた。捕虜帰還事業が成果をあげ、ナンセンが国際連盟を代表する対ロシア＝ソ連交渉の第一人者であることは、万人の認めるところだ。ところが、ロシア＝ソ連での飢饉救済にナンセンが思いを入れれば入れるほど、彼は国際連盟加盟国から共産主義シンパとみなされ、煙たがられるようになった。たしかに他の候補者の名もあがってはいた。だが、ロシア＝ソ連を相手にこの難局を打開できそうな人物は、国際的名声と国際問題解決の手腕があり、第一次世界大戦中は中立国であったノルウェーの国籍者であるナンセンのほかに見つかりそうもない。彼の難民高等弁務官任命は、ほかにベターな選択肢がないという現実を受け入れた結果でもあった。

ナンセン難民高等弁務官の苦境

国際連盟の関係者は、短期間で決着がつくと見込んでいた。ナンセンも例外ではなく、ロシア難民高等弁務官はあくまで一時的な任務にすぎないと考えていた。このことをふまえたうえでの当初のおもな任務は、ロシア＝ソ連出身の難民の「地位」をはっきりさせること、つまり彼らが存在できる法的な空間を用意することだった。そのうえで、就労の機会の調整・確保、あるいはロシア＝ソ連への帰還などもロシア難民高等弁務官の任務に加えられた。

実際には、後述するように、ロシア難民高等弁務官が扱う対象は拡張し、ロシア＝ソ連出身者以外の集団も対象に含まれるようになった。１９２３年、ロシア難民高等弁務官の名称から「ロシア」が外され、「難民高等弁務官」となった。それは、対象範囲の拡張を意図しての行為だった。

ナンセンにとって、難民高等弁務官の仕事は困難なものだった。ロシア＝ソ連出身の難民の多くは、かつての反革命軍の士官や兵士である。彼らは本国から国籍を否定され、本国政府から迫害されるなど、国家に拒まれ「抱かれなかった」人びとだ。だから、帰国を望む自国民の受け入れを前提とした捕虜帰還事業の枠組みとは大きく異なる。とりわけ、経済危機と失業が拡がる欧州で、新たな家、新たな仕事、そして新たな母国を見つけるのは容易ではなかった。

また、難民の処遇のありようによっては、各国とロシア＝ソ連の微妙な関係に影響を与えかねなかった。そのため、国際連盟は、ロシア難民高等弁務官が外交的に踏みこみすぎないよう、その権限をあらかじめ慎重に制限した。さらに、両者の関係はあやふやで微妙だった。国際連盟からは年次予算のわりあてなどはなく、実質的に提供したのは、行政人員・事務サービスなどだけだった。したがって、ナンセンは手足を縛られたかのような状態で、この難局に立ち向かわなければならなかった。

ナンセンは幾度も国際連盟に掛けあい、さらなる支援を求めた。だが、国際連盟は彼の求めを拒否した。その交渉の最中にも、つぎつぎと命を落としていく多くの難民を目の当たりにしながら、手を差しのべることができない。若き日のナンセンは、厳しい挑戦が続く探検や研究で幾度も計画変更を迫られたが、それでも大失敗はしていない。しかし、人道支援の世界は違った。航海を続けるこの船は、前方に浮かぶ巨大な氷山にぶつかり、こっぱみじんに砕け散ってしまいそうだった。

難民支援のネットワークづくり

しかし、そう簡単にあきらめないのがナンセンだ。もちまえの突破力と企画力、判断力で、この危機に立ち向かう。猛烈な嵐と流氷に押し流され、船の操縦すらままならないなか、彼は冷静に考えた。この小さな船に乗っているのは自分だけではない。有能な船員がいるではないか。彼の政策の実施などを補佐する、難民高等弁務官事務所とその職員だ。さらに、ナンセンと事務所を周りで支えようとする仲間がいる。それは市民社会組織だった。日ごろから難民に寄り添う彼らの支えなくして、難民支援活動は成り立たない。それを知っていたナンセンは、彼らとのパートナーシップを日ごろから大切にした。そして、築いた信頼関係を足場に、彼らを巻きこみながら難民支援の組織化を進めるのであった。

ナンセンはまず、関係政府と慎重に交渉し、難民高等弁務官事務所の司令塔である自分が任命した「代表」を、これら諸国に配置した。代表の多くは、ナンセンが信頼をおく市民社会組織の関係者だった。代表の配置により、難民に関する各国の情報を収集・集約するためのネットワーク網を構築することができた。またナンセンは、難民高等弁務官事務所とさまざまな外部組織との調整協力の関係構築にも取り組んだ。たとえば、難民支援に当初から携わってきた市民社会組織の代表者から成る委員会を組織し、彼らに助言を求めることとした。このように、支援の組織化は、権限と予算、人員にかかる極端な制限を乗り越えるための、苦肉の策でもあった。

貴重なパートナーを得られたのは幸運だった。なかでも、現場の運営でナンセンをおおいに助けたのは、捕虜帰還事業のときと同じように赤十字国際委員会だった。アテネやベオグラード、ブダペスト、コンスタンティノープルなど、数千人が避難していた中央欧州の都市で活動し、食料・必需品の提供と移動の管理に日々取り組んだのは、彼らだった。政策の中心を難民高等弁務官が担い、その実現に向け、難民高等弁務官事務所がわきを固める。さらにその外側を市民社会組織が支える、という難民支援の三層構造は、このような実践経験を通じてできあがったのだった。

だが、予算不足はつねにつきまとう問題だった。国際連盟からの予算のわりあてがなかったので、ナンセンはみずから資金を調達するほかなかった。彼は「生けるレジェンド」としての名声やカリスマ性を利用し、さまざまな方法で、またさまざまな市民団体や個人から寄付金を募った。善意の募金や慈善の物資寄付は、この時代以前から民間人道支援活動の資金源であった。ナンセンは、この形態を国際協力の次元にもとり入れていった。というより、公的資金源がないなか、そうせざるをえなかった。ただこのような努力をもってしても、慢性的な資金不足から脱することはできず、難民の一部が大規模な飢餓におびやかされることすらあった。一方で、資金不足という事情があったからこそ、難民の自助努力が促進された面もある。これについてはあとで触れよう。

ちなみに、難民高等弁務官を頂上に、関係国・地域にその代表を送り、現地の実情に精通した市民社会組織との意思疎通で得られる情報をもとに計画を策定・実行するという組織運営のあり方は、第二次世界大戦後に設立されたUNHCR事務所にも継承された。また、政府や市民社会からの募金・寄付も、現在のUNHCR事務所にとって大切な資金源のひとつだが、これもナンセンの時代からの継承である。

身体、魂、パスポート

ナンセンと難民高等弁務官事務所、そして現場で支援にあたる市民社会組織にとっていちばんの問題は、難民がパスポートを持っていないことだった。なぜ、それが問題なのか？

『大いなる幻影』の著者で、1933年にノーベル平和賞を受賞した英国人作家のラルフ・ノーマン・エンジェルは、1890年代の若かりしころ、思いたって米国に向かったときのことを回想する。

「パスポートも、出国許可も、ビザもなかった。米国に到着したとき、そんなものについて問われることもなかった」

19世紀後半の経済的自由主義のなか、欧州諸国の出入国管理制度も自由主義的傾向にあり、人の越境移動の管理は思いのほかゆるやかだったのだ。

しかし、第一次世界大戦中にこれが一転。各国政府がパスポートとビザの制度を本格的に導入したことで、国境管理は一気に厳しくなった。厳格な国境管理政策は戦時下での対応だったのだが、戦争が終わっても、かつてのゆるやかな慣行に戻ることはなかった。この時代、各国は自国の安全保障にとりわけ敏感で、スパイが潜伏したり、外国人の流入で住宅・就労の事情が悪化するのは大きな懸念材料だった。そこで、国境を防御壁に見立て、外国人の入国を厳しく制限するようになった。ほどなく、欧州のどの政府も、国籍を公式に証するパスポートを発給するようになった。

それはまた、自国民と外国人とのあいだに境界線がはっきりと引かれた局面でもあった。だが、難民や無国籍者が、どこかの国家の内側に「抱かれる」ことはなかった。どこからも「抱かれない」彼らにはパスポートがない。パスポートがなければ、正規に越境することはできない。まれではあるが、パスポートを発給してくれるロシア＝ソ連の行政官がいるにはいた。しかし、たとえ同国が公式に発給したパスポートであっても、いや、むしろそうであるからこそ、欧州諸国はこれを認めようとはしなかった。正規の旅行証明書として受け入れることが、ソ連をロシアの継承国として正式に承認する行為に映りかねなかったからである。

難民や無国籍者がパスポートなしで「不法入国」し、どこかの国にうまく潜りこめたとしても、彼らが存在できる空間は法的にはない。そこにいるべきではない「不法な存在」ということで、他国に「投げ棄て」られた。あるいは追放令に背いたということで、あるいは浮浪罪（職と住居をもたず諸方をうろつく者を対象とした軽犯罪法上の罪）にあたるなどの理由で、彼らは罰せられた。たとえ追放や刑罰からうまく逃れることができても、滞在国での窮状が改善に向かうことなどなかった。

住処を得たくても、学校に行きたくても、結婚したくても、存在するために必要な空間を法的に認められない彼らが、ごく普通の日常を手に入れるのは簡単ではない。貧困に苦しみ、孤独におびえる惨めな日々。消える寸前の希望の灯火。ただ落ち着く場所を見つけ、仕事を得て、ささやかだが価値ある人生をふたたび送れることを夢見ていただけなのに。それなのに、人間として扱われることはない。いや、人間として存在することすら許されていないではないか。

そんな、難民の無国籍状態を一気に解消する方法があった。それは、受け入れ国などが彼らに国籍を与え、その国家の国民として受け入れることである。そのことは同時に、彼らの新たな法的帰属が決まり、存在できる空間が見つかることを意味する。しかし、戦後の景気後退に直面し、多数の失業者を抱える周辺諸国にとって、国境を越えて流入する彼らは、自国の状況を悪化させる原因にしか見えなかった。どの政府もそんなリスクを負ってまで、人道的精神を発揮してみせる余裕などなかった。

だが、ことの本質は、労働市場や経済状態だけではない。異なる言語・文化・歴史の記憶を有する「他者」を「自己」の内側に招き入れることは、ベルサイユ体制下で進む国民国家体制と高まるナショナリズムに逆行する行為だったのだ。したがって、どの国家にも「抱かれず」、パスポートを持たない難民や無国籍者は、法的に存在することすら許されなかった。

国籍を奪いとる簡単な方法は、パスポートを奪いとるか、与えないか、無効にするかだ。そしてパスポートを失うということは、人間としての存在が法的には証明されないことを意味した。

あるロシア人が語ったとされる、核心をつく言葉がある。

「人間を構成する要素は3つある。身体、魂、そしてパスポートだ」

パスポートがなければ、人は法的舞台に登場すらできないという意味だが、これを先の作家、エンジェルは、つぎのように言いかえる。

「パスポートなしでは、だれも存在しえない」

ナンセン・パスポートの発明

「人間を構成する要素」のひとつであるパスポートを、ロシア＝ソ連出身の難民は持っていなかった。そのため、彼らの法的立場はきわめて不透明で、受け入れ国で歓待を受けることはなかった。彼らの法的地位を明らかにすることは、ナンセンの言葉によれば「重要かつ喫緊の」課題だったし、難民高等弁務官としての責務でもあった。そこで、この状況を打開するために「発明」されたのが、「ナンセン・パスポート」だった。

誤解されることもあるが、ナンセン・パスポートのアイデアを最初に思いついたのは、ナンセン自身ではない。考案者はエドゥアール・アントン・フリックだ。フリックは、ロシア＝ソ連から多くの難民が流出しはじめたとき、これを調査して赤十字国際委員会に報告し、国際連盟が責任をもって行動すべきだと真っ先に訴えた人物である。ナンセンの側近をつとめ、ロシア語に長けた彼は、捕虜帰還とロシアの飢饉支援事業で経験を重ね、のちに難民高等弁務官補となる。

ロシア難民問題に精通した法実務家や国際連盟の職員と意見交換を続けるうち、フリックの脳裏で、あるアイデアがまとまりつつあった。通行許可証と身分証明書の機能を同時に備えた国際証明書を、国際的合意にもとづいて用意し、これを難民に発給できないか？

ナンセンは、単純にして大胆なこのアイデアを、関係国が参加する国際会議で正式に提案した。会議参加国はこれに賛同し、「ロシア難民の身分証発給に関する1922年7月5日の取極（とりきめ）」のもと、この書面の運用を正式に承認した。その後、難民高等弁務官事務所は、国際連盟やILO、市民社会組織、そして各国政府代表といった人びとと、実施に向けて協議を重ねていった。ナンセンの承諾をとったかどうかはいまとなっては定かでないが、赤十字国際委員会はこの書面を

「ナンセン・パスポート」と命名するよう国際連盟に提案し、この呼称が一般化した。

ナンセン・パスポートは、国家が自国民などに発給するパスポートとは異なる。特定国の国民として認められていることを証明したり、母国が他国に自国民の保護を依頼したりするための文書ではない。またナンセン・パスポートを所持するからといって、その者を受け入れる厳格な義務は国家にはない。各国が、難民の法的地位について認識を共有し、その地位にもとづく居住や生活の機会の提供を相互に確認することが目的であった。

ナンセン・パスポートは公式なパスポートではないが、まがりなりにも難民の存在を法的に認め、その生活を支える文書である。たんなる身分証明書や通行許可証ではない。彼らはこれで、

ブルガリア発行のナンセン・パスポート
［Jan Dalsgaard Sørensen撮影、
Fridtjof Nansen Institute］

左ページ:
フランス発行のナンセン・パスポート
切手が貼られている
［米国議会図書館、
https://hdl.loc.gov/loc.wdl/wdl.11576］

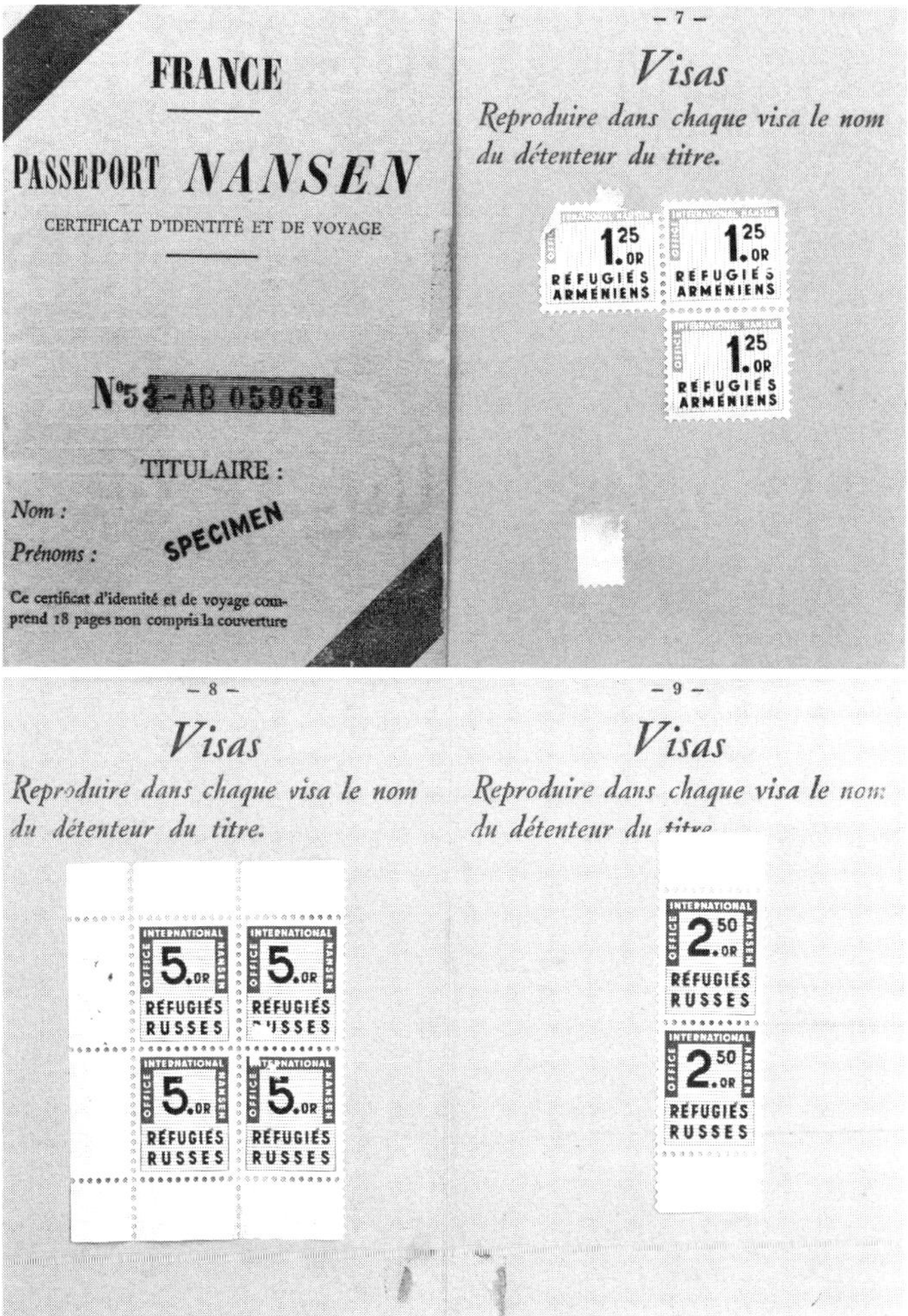

FRANCE

PASSEPORT *NANSEN*

CERTIFICAT D'IDENTITÉ ET DE VOYAGE

N°53-AB 05963

TITULAIRE :

Nom :

Prénoms : SPECIMEN

Ce certificat d'identité et de voyage comprend 18 pages non compris la couverture

— 7 —

Visas

Reproduire dans chaque visa le nom du détenteur du titre.

1.25 OR RÉFUGIÉS ARMÉNIENS

1.25 OR RÉFUGIÉS ARMÉNIENS

1.25 OR RÉFUGIÉS ARMÉNIENS

— 8 —

Visas

Reproduire dans chaque visa le nom du détenteur du titre.

INTERNATIONAL OFFICE NANSEN 5. OR RÉFUGIÉS RUSSES

INTERNATIONAL OFFICE NANSEN 5. OR RÉFUGIÉS RUSSES

INTERNATIONAL OFFICE NANSEN 5. OR RÉFUGIÉS RUSSES

INTERNATIONAL OFFICE NANSEN 5. OR RÉFUGIÉS RUSSES

— 9 —

Visas

Reproduire dans chaque visa le nom du détenteur du titre.

INTERNATIONAL OFFICE NANSEN 2.50 OR RÉFUGIÉS RUSSES

INTERNATIONAL OFFICE NANSEN 2.50 OR RÉFUGIÉS RUSSES

「人間として存在する資格」を手に入れたのだ。だから、パスポートという比喩(ひゆ)的表現は、けっして的はずれでも大げさでもない。その価値を知るなら、世界でだれもまだ目にしたことのないこの書面は、まぎれもない「発明」だった。米国のジャーナリスト、ドロシー・トンプソンは評した。

「ナンセン・パスポートは偉大だ。難民は、失ったアイデンティティをこれでとり戻せたのだから」

ナンセンとその仲間たちは、欧州各国の態度を目の当たりにして知った。自国の主権の一部を放棄してまで難民の救済にかかわる意思などないことを。だから、苦境からの救済という人道主義的要請を、国家主権制度と整合させようとした。その具体的手段となったのがナンセン・パスポートだ。実質的に国籍のない特定の集団に「難民」という「地位」を認めることで、彼らの存在を国際的かつ公的に可視化する。その地位にあると認められた人びとに対してはこのパスポートを発給し、各国は居住や就労の機会などを与えることができる。

ナンセン・パスポートは、国家主権との衝突をうまく避けながら、法的に「異常な」存在であった難民や無国籍者のために、新たな空間を創りだし、国家間の行動を調整する装置となった。そうであるから、各国政府も、この約束に従って行動することで国際秩序が維持され、国内の経済的・社会的安定性が守られることを期待していた。またその期待があったからこそ、ナンセン・パスポートは1920年代の終わりには50以上の国家で公式の書面として採用され、さらには国際的な協調行動の共通基準となりえたのである。

周到な工夫

ナンセン・パスポートの実利性は、受け入れ国の政府にとってわかりやすかった。たとえば、国家が政策を企画するときの基本データ、すなわち、難民の正確な統計を知ることができた。だが、もっと重要なことがある。ナンセン・パスポートを採用した各国は、ロシア＝ソ連を非難することなく実体的な外交関係を維持すると同時に、難民を支援することもできた。その背後には、国家主権制度に人道主義を組みこむ、周到な工夫があった。

まず、このパスポートの発給を受けられる者、つまり、その「地位」が認められる者の限定性である。1922年7月、それはつぎのように定義された。

ロシア出身であってソ連政府の保護を受けず、他の国籍を得ていない者

この定義は、難民高等弁務官事務所、関係国代表、かつて外交官であった難民らの交渉をへて生まれた。興味深いことに、この定義は「保護を受けない」ことと「他の国籍を得ていない」という現状だけを条件にしていて、そのような事態にいたった原因・理由には立ち入らない。つま

り、この地位が認められるかどうかを判定する場合、ロシア＝ソ連を出国した個人的な動機や、人権侵害の存否などを問う必要がなかった。いわば政治的に無機質で中立的なこの定義を実務に採用することで、ロシア＝ソ連の国籍剥奪政策などを非難することなく、外交上の摩擦を避けることができた。

第二の工夫として、各国は、ナンセン・パスポート所持者を受け入れる義務を負わない。ナンセン・パスポートは国際条約で厳格にとりきめられた文書ではなく、あくまで、各国の行動基準としての提案にすぎない。そのため、各国政府がこのパスポートのもとで何か行動を強制されたり、よけいな圧迫感を抱くことはなかった。

第三に、ナンセン・パスポートを発給するのは、国際連盟や難民高等弁務官事務所といった国際機関ではない。そうできるのは、難民に在留を許す国家だけであった。つまり、ナンセン・パスポートの仕組みを承認することと、これを発給することとは別問題である。実際に発給し、彼らを受け入れるかどうかは、国家の自由意志にまかされていた。

第四に、ナンセン・パスポートの発給や利用が、関係国の国内法や出入国規則に抵触してはならない。言いかえると、ナンセン・パスポートは超法規的措置ではない。難民は、国内の法や規則の範囲で扱われ、そのもとでの生活や活動を許されるのであった。

第五に、ビザの発給と「帰国」についてである。ナンセン・パスポート所持者に対し、国家間でのとりきめにもとづいて国家がビザを発給する。国家のパスポートと同じように、ビザはナンセン・パスポートに添付される。これにより、彼らは国家間の移動が可能となる。しかしその目的はあくまで、難民を受け入れ国に到着させ、そこに滞在させることである。そのため、国家が発給するパスポートとは異なり、国家間の特段のとりきめがないかぎり、いったん出国した難民に「帰国」の自由を認めてはいなかった。

最後に、ナンセン・パスポートには、コスト面でも小さな工夫が施されていた。この発効と毎年の更新には5金フランが必要で、これを支払うと、ナンセンの肖像が入った小さな切手（ナンセン切手）がこのパスポートに貼られた。なお、支払われた金銭は回転資金として運用され、難民支援事業に使われた。この仕組みは、ナンセン・パスポートの制度が国家だけではなく、難民自身によっても支えられているとの理解に貢献した。

各国に受け入れられたこのパスポートを、ナンセンは高く評価した。「ロシア難民受け入れにおける、より公平な分担に向けての偉大な一歩である」

難民の範囲を拡げる

ナンセンは「偉大な一歩」だとは思ったが、しかし、彼と難民高等弁務官事務所が関与できる難民の範囲に不満を募らせていた。彼が着任した当初の役職の名称は、「ロシア難民高等弁務官」だ。この役職名が示すとおり、難民への国際的な対応は、ロシア＝ソ連出身者のみに限られていた。したがって、ナンセン・パスポートの発給を受けられる者もロシア＝ソ連出身者だけだった。

そこでナンセンと難民高等弁務官事務所は、赤十字国際委員会とＩＬＯの助力を得ながら、その対象範囲を、国際連盟の承認を得て実践的に拡張していく。各国との交渉が実を結び、１９２８年６月、アルメニア人やトルコ人、アッシリア人などの新しい集団に、ナンセン・パスポートの給付を拡大する協定が締結された。

このように難民の範囲は拡張したけれども、これらの人びとを一括して同様に扱うという趣旨ではなかった。ナンセン・パスポートの発給はあくまで、国家が合意した出身国や地域の出身者に限定されていた。各国は、どの集団を受け入れるかをみずから適宜選ぶことができた。つまり、集団をオプト・アウトする（排除を選ぶ）ことも可能だったのである。この方法のおかげで、各国に、難民全般に対する責任が一律に課されることはなかった。

このように、国家主権の現実に直面しながらも、国家からはじかれた「異常な存在」を正常化するため、ナンセンや難民高等弁務官事務所を中心とした関係者は「新たな空間」を徐々にこじ開け、それを少しずつ拡げていくのだった。

結局、１９２２年から１９３０年までの８年間で、じつに50万人近い人びとがナンセン・パスポートの恩恵を受けることとなった。これがなければ、彼らが人間として可視化されることはなかったし、「新たな空間」を見出せることもなかったろう。バレエ音楽「火の鳥」の作曲者、イーゴリ・ストラヴィンスキー。「愛の画家」、マルク・シャガール。「瀕死（ひんし）の白鳥」で知られるバ

アンナ・パヴロワ［1881-1931］

イーゴリ・ストラヴィンスキー［1882-1971］
［米国議会図書館、LC-DIG-ggbain-32392］

マルク・シャガール［1887-1985］
［米国議会図書館、LC-USZ62-42495］

レリーナ、アンナ・パヴロワ。彼らは、私たちの日常に、情念と癒しという艶やかな彩りを与えてくれる。世界を代表するこの芸術家たちの共通点は、ナンセン・パスポートを所持していたことだ。これによって彼らは生き延びることができ、名作を世に送りだすことができた。

ただし、のちに著名な芸術家やインフルエンサーとなる人びとだけにナンセン・パスポートが発給されたわけではない。これを受けた多数は、むしろ、パリのタクシードライバーのように、世間からとりたてて注目されることはなくてもそれぞれに価値ある生活を営む、「ごく普通の人びと」だった。

たしかに、発給対象者は、政治的妥協のなかで特定の出身国・地域に制限されていた。かといって、特定の身分や職業、経済的地位にある者が対象者に選ばれたわけではない。ナンセン・パスポートの意義は、「ごく普通の人びと」の存在を許す「新たな空間」を創りだし、彼らを人間として可視化したことである。そして、このパスポートを手にした人びとには、尊厳ある人間に復帰する道が拓かれたのだった。

雇用・就労という新たな課題

難民の雇用・就労は、頭を抱える課題だった。これに対し、ナンセンと難民高等弁務官事務所は、現在の国際人権法や国際難民法の感覚でいう権利的視点だけから取り組んだわけではない。

蒸気船ヴァルナに乗るロシア=ソ連からの難民
黒海のノヴォロシースクにて、1923年1月10日［NLN］

むしろ、受け入れ国側の負担を減らす必要性が起点となり、欧州の経済発展のチャンスを射程に織りこむ取り組みであった、と表現するほうが適切である。

まず、多数の難民を受け入れる諸国にとって、日常生活の支援のための支出は相当な負担となっていた。だが、難民高等弁務官事務所にそれを補う予算はない。そこでナンセンは、ロシア難民高等弁務官着任当時より、将来の労働力確保の可能性などもみこしたうえで、受け入れ国政府に支援の継続を納得してもらおうと試みていた。

実際、１９２０年代前半の欧州各国では、難民の流入は脅威であると同時に、戦後の復興で必要となっていた労働力を獲得するチャンスでもあった。難民高等弁務官事務所設立時からの任務のひとつは、労働力が余剰ぎみの国家からそれが不足している国家へと、難民を国際移動させることだった。たとえば１９２２年、ブルガリアにおける道路工事の労働力を補うため、ナンセンは５０００人の国際移動の調整を図った。あとになってナンセンはより自覚的に、難民を欧州一般の雇用・就労問題解決の一環として位置づけるようなった。彼らへの援助が欧州の経済発展への貢献につながるよう、両者を連動しようとしたのである。ナンセンはこう述べた。

「もし、政府がわずかな金額を難民に費やすなら、多くの場合、それは『生産的雇用』となる。最終的に、政府にとって貯蓄になる」

難民の出入国と、彼らの法的地位に関する問題が落ち着きをみせた１９２４年半ばになると、おもな課題は雇用・就労に移っていた。各国ごとに異なる外国人の雇用事情の複雑さに対応し、労働者となる難民からの搾取を防ぐには、それなりの知識と技術を要する対処が必要だった。だがそれは、難民高等弁務官事務所の手に余る仕事だ。そこでナンセンは、個人的に交流のあったＩＬＯ事務局長、アルベール・トーマと業務移管について相談し、ＩＬＯがこれを引き受けることになった。

ナンセンとＩＬＯは従来の支援政策を転換し、難民自身が就労してみずからの生活を支えるという自助を強調するようになった。雇用の増進が欧州の経済問題を解決に向かわせるとのナンセンの考えが、この政策転換を後押ししたからである。

１９２５年になると、ＩＬＯは労働関係、難民高等弁務官事務所は政治・法関係というように、両者間で任務の区分がつけられた。その過程で、難民高等弁務官事務所の職員の一部は、ＩＬＯ外交部に設置された難民事業部に異動した。ナンセンの助手のひとりであったトマス・フランク・ジョンソンが、難民事業部の部長に就任した。一方、ナンセン自身は難民高等弁務官事務所に留まる。この組織改革の結果、ＩＬＯの難民事業部にはやがて、各国の雇用状況や、雇用者と被雇用者（難民）をマッチングさせるための情報が集積されるようになった。

さらに、たいへん興味深い新たな動きもあった。難民高等弁務官事務所が難民にとっての領事館となるような、独特の機能を発揮するようになったのである。１９２８年６月からこの事務所は、難民の身分を証明し、受け入れ国政府へ推薦するなど、本来であれば本国の領事館が行なうような任務を担うことになった。これにともない関係各国代表は、ナンセンや同事務所の職員と交渉し、関心をもつ難民の関係資料に目を通すなどして、自国への受け入れを決定するようになった。また各国政府は、ナンセン・パスポートの発給調整に深く関与していた難民高等弁務官事務所職員に外交特権を与えるようになった。

このような「国際領事化」は、難民高等弁務官事務所にとって望ましいことだった。受け入れ国で労働市場が縮小すると、難民は追放の対象となりがちだった。難民高等弁務官事務所の「国際領事化」は、難民の立場を安定化させるうえで有益だったのである。

教育の重要性

多くの難民は、その日を生きぬくこと、その日のパンを手に入れることで精一杯だった。その事情を知るナンセンは、しかし、高等教育を含む教育の機会の提供に強いこだわりを見せた。そこで強調されたのは、雇用・就労の場合と同じように、現在の見方でいう人権的観点よりも、国際政策的な観点だった。

難民に教育の機会を提供しようとする動きには、つぎのふたつの局面があった。ひとつは、ロシア＝ソ連への自主的帰還が実施される場合、もうひとつは、欧州各国による受け入れや定住が続く場合である。まず前者についてであるが、国際連盟の「ロシア難民」報告書(1922年9月15日)には、このように明記されている。

ナンセン博士はとくにロシア人学生の問題に関心を寄せていた。そして、無料あるいは大幅に値下げした費用で大学あるいは高等学校において学びを継続できるよう、すべての可能な施設を難民学生に提供することを複数の政府に強く訴えたことに言及した。

高等弁務官はまた、子ども難民の課題が、ロシア復興の一般的問題と密接につながっていると考えていた。そのため、彼は代理人に、子ども難民に関する特別調査を実行するよう指示していた。また、子ども難民に十分な教育を与えるための援助を期待し、複数の大手慈善組織に対し具体的提言を行なうための基礎となる調査を行なっていた。

ナンセンは、教育に、人道的要求に応ずること以上の要素を見ていたようだ。難民の大学生や子どもたちが帰還後、受け入れ国で得られた知識や技術を活用し、ロシア＝ソ連の復興に貢献することを期待していたからである。

現実には、ほとんどのロシア系難民は帰還できなかった。しかし、そのことで、教育を与えたことが無駄になるわけではない。これが、教育提供についてのふたつめの局面である。「難民の利益に資する国際連盟の働きにより、勤勉で高等教育を受けた難民が世界のさまざまな地域にわりあてられ、定住した。これにより、文明化の基準が引き上げられた」

ナンセンのこの言葉は、難民への教育機会の提供を、受け入れ国や欧州への投資とみるニュアンスを含む。彼は、難民の雇用・就労の改善や促進を、受け入れ国側の利益と一致させ、欧州発展の動力にさえ取り込もうとした。難民への教育機会の提供とて、本質的に同じである。難民の自立をうながし、究極的には受け入れ国の利益と欧州の発展に資するものなのだから。

保護と自主帰還

ナンセンと難民高等弁務官事務所は、難民の国際的保護に関する、のちの重要な原則——ノン・ルフールマン原則——の発展にも貢献した。ノン・ルフールマン原則とは、迫害の危険に直面する国に難民を送還してはならないことを内容とする。現在では国際法上の原則である。ナンセンは、その任務の当初より、難民が直面する追放や送還の危険に懸念を抱いていた。彼らが避難した国家に継続して滞在できるかは、避難先の国家安全保障や対外政策によって決められ、彼らの運命はいつも翻弄されていた。

ナンセンはロシア＝ソ連への強制送還に反対した。難民高等弁務官事務所は、追放を試みる各国政府と交渉するなどして、それを思いとどまらせようとした。ナンセン自身も、そのような政府に追放を延期するよう掛けあい、またさまざまな市民社会組織に対し、安全な国家への難民の移動を支援してくれるよう頼んだ。

ルーマニアは軍事的理由から1万人規模の住民を追放しようとしたが、ナンセンはこれに介入して交渉を進め、もろもろの調整がなされるまではベッサラビアに彼らを待機させるよう合意を引きだした。ポーランド政府が3600人のユダヤ人をロシア＝ソ連に送還しようとしたときにも、それを阻止するための交渉にあたった。ナンセンは限られた時間のなかで、彼らを米国などに向かわせることに成功した。このような経験もふまえ、1928年、彼が受け入れ国と締結した協定には、ロシア＝ソ連とアルメニアの出身者を追放する行為に制限をかける規定が含まれることとなった。

ところで、コンスタンティノープルには、セックス・ワークにかかわる多くの女性の難民がいた。彼女たちの多くは社会の上層出身で、当時としてはまれだった大学教育まで受けていた。しかし、飢えをしのぐため、生きるために、その身を路上で売っていた。ナンセンは思った。「かつては城に住んでいて、自分の手すらごしごしと洗ったことのないような女性たちが、膝を折り、階段と床を磨く仕事をするのはきついものだ。だが、道ばたで自分の身を売るよりは、少なくともまだましだ」

そのような女性たちを実際多く目撃したナンセンは、ノルウェー女性委員会にこの事情を説明した。女性委員会は、他の北欧諸国にこのことを伝えた。最終的に、ノルウェー、デンマーク、スウェーデン、イタリアを含む諸国から、女性の状況改善のための募金が寄せられた。

ナンセンのもうひとつのこだわりは、難民問題の解決方法としての帰還であった。しかし先に述べたように、敵視して国籍剥奪まで行なった人びとを迎え入れる気は、ロシア＝ソ連にはそもそもなかった。ただ、例外もあった。ブルガリアにいた多くの難民が帰還を望んだとき、ナンセンはそのことについてロシア＝ソ連と交渉した。同国政府は大半の帰還をやはり拒んだのだが、その一部については帰還が実現した。実施にさいしては、ソ連赤十字社代表がブルガリアに出向いてビザの手配を行なうなど、彼らの帰還を監督した。帰還は自主的であることが前提となっていた。なお、帰還に必要な列車の費用についてはブルガリア政府が支出し、帰還中の食費については難民高等弁務官事務所とブルガリア政府が共同で支出した。

アルメニア──虐殺と迫害

アルメニアは、キリスト教が生まれてからまもなくしてこれを国教に公認したことから、「世界最古のキリスト教国」とも呼ばれる。同国は、16世紀から19世紀のあいだ、帝国によって幾度も支配されていた。19世紀までには、ロシア帝国が東部アルメニアを、オスマン帝国が西部アルメニアを支配していた。このようなことから、アルメニア人は数百年にわたり、国境で分断されつづけていた。

だが、19世紀末になると、オスマン帝国内のアルメニア人のあいだでナショナリズムが高揚。やがてそれは、自治権獲得運動に拡大した。この状況を見たオスマン帝国は、自国領域内のアルメニア人が民族統一を理由に、ロシア領内のアルメニア人と結託することに恐れを抱いた。同時に、彼らが第一次世界大戦においてロシア側に加担し、さらに帝国東部がロシア領に組みこまれる事態を懸念していた。

この背景から、オスマン帝国はアルメニア人を弾圧。性別や年齢、職種、社会的地位にかかわらず、アルメニア人という理由のみで、うち焼かれ、溺没させられ、人身取引された。１９１５

シリア、アレッポのアルメニア系難民
［Vartan Derunian撮影］

年から1923年のあいだに約200万人のアルメニア人が強制移住の対象となり、食料も水も与えられず、推定100万人から120万人が命を落としたという。現在では、その組織性の高さや被害の規模の大きさなどからジェノサイドであったとの見方が強い。この事態にひどく心を痛めたナンセンは、彼らの救済を訴えたのだった。

「国境の問題を議論するまえに、彼らを破滅から救いだす必要がある」

そして、脅威の下にあるアルメニア人を保護するため、国際連盟はこれに軍事的に介入すべきだと主張した。いまの時代でいう「人道的介入」——大規模な人権侵害などがあり、当該国がそれを改善・解決しようとしない場合、国際機関などが主体となって、それを阻止するため軍事力で介入すること——にも連なる考え方だった。

1918年、旧ロシア帝国領のエレバンを首都としたアルメニア共和国が誕生した。連合国側とトルコとのあいだで交わされた1920年のセーヴル条約がこれを追認し、米国大統領ウィルソンによって、トルコとアルメニア間の国境が確定された。背後では、オスマン帝国とロシア＝ソ連のあいだにアルメニア人国家を配置することで両国を牽制（けんせい）したいという、18世紀からアルメニアに関与してきた英国とフランスの意向も働いていた。

だが、結局、アルメニア共和国はわずか2年間で終焉を迎える。共和国の主権を尊重することなく、オスマン帝国とロシア＝ソ連が軍事行動を展開したからだ。1920年12月、アルメニアはその領域を放棄。その後、ロシア＝ソ連がアルメニアを実効支配し、1922年、アルメニアは他のコーカサス地方とともにソ連邦構成共和国となった。

この混乱から、多数のアルメニア人がロシア＝ソ連に、またシリアやパレスチナ、イラン、イラクに逃れた。彼らは、典型的な無国籍者となり、国籍を失った彼らが帰る国家はなかった。当時、援助が必要なアルメニア系の難民や無国籍者は約150万人にのぼると推定されていた。1924年、国際連盟は、ナンセン難民高等弁務官の任務にアルメニア人が含まれるよう、これを拡張した。それにより、彼らにもナンセン・パスポートが発給されるようになった。

報われなかった努力への敬意

とりわけ1926年から1929年の3年間、ナンセンはＩＬＯと協力し、ロシア＝ソ連在住のアルメニア系難民の支援のために膨大な時間とエネルギーを捧げることとなる。ナンセンがアルメニアの支援に心を奪われ、その対応に尽力したのには理由がある。もちろん、彼らの悲惨すぎる状態に心を痛めたこともある。だが、それだけではない。ナンセンは願った。19世紀以降、周りの大国に翻弄されてきたアルメニア人こそ、ウィルソン大統領が掲げた自決の原則をもとに、彼ら自身の大地、つまり独立国を持つべきだと。ナンセンは思った。それが、戦後の新たな国際秩序のもとで平和を生みだす土台となるはずだと。

ナンセンは絶えまなく働いた。ロシア＝ソ連の定住地域を現地調査した。水不足を問題視し、アルメニア系難民が定住できるよう、灌漑や排水を進めるための資金集めに奔走した。国際連盟やロシア＝ソ連を含む関係各国を説得するとき、必要な融資額は戦艦の2年間の維持費分で十分だと述べた。

「戦争のエンジンに使われた金銭は、その後の改善のためには何の役にもたたない。だが、「難民への」融資は再生産的である。人びとの家と幸福を築き、世界の繁栄を増進するのだから」

にもかかわらず、国際連盟と各国の反応はそっけなかった。支援を約束した主要各国がその後、すべてを「忘れる」こともあった。ナンセンにはそれが裏切りにも思え、ときには厳しい口調で批判した。北欧諸国からの支援を得るなど成果はあったが、この問題を解決するために結んだ各国の約束のほとんどは反故にされ、政治の壁を乗り越えることはできなかった。

ナンセンはおおいに気落ちした。難民高等弁務官の辞任を申し出て、それを交渉のてこに事態の打開をねらったものの、国際連盟は辞表の受領すら拒否した。アルメニア系難民救済にかかわる経験は、彼の心に深い失望と挫折感を刻印した。彼が願ったような結果から、あまりにかけ離れていたからだ。このころの激務と落胆は、ナンセンから生きるための体力を奪っていった。

しかし、アルメニア人にとって、自分たちのために尽力したナンセンは、気高く尊い特別な人物と評価されるようになった。そして、報われなかった努力への敬意と恩は、惜しみなく表現されてきた。ナンセンがこの世を去ったあと、難民高等弁務官事務所の業務をひきついだ「ナンセン事務所」の所長、マイケル・ハンソンは、アレッポでアルメニア人を前に講演をしたときのこ

アルメニアを視察するナンセン。1925年6月。ギュムリにある孤児院にて[NLN]

アルメニアのエレバン郊外にて。砂漠地帯の灌漑計画のための視察
[Vidkun Quisling撮影、NLN]

とを回顧する。

「私の口から『ナンセン』という言葉が出るやいなや、すべての観衆が立ち上がり、2分間の黙祷を捧げた」

21世紀のいまなお、ナンセンの行為は、世界各地で生きるアルメニア人の記憶の中に息づいている。彼が切望した独立国としてのアルメニアは、1991年になって共和国として誕生した。同国には、ナンセンにちなんで命名された道路や場所、建物が数多くある。

先祖に対するナンセンの働きを忘れない人びとは、いまでもオスロにある彼の墓を訪ねては感謝の言葉を捧げる。武力紛争のためシリアを2012年に出国し、アルメニアに逃れたアルメニア系シリア難民はこう語る。

「偉大なる友であるフリチョフ・ナンセンに恩を感じています。……私たちの祖父母は、シリアでの生活を始めるためのナンセン・パスポートによって、なんとか生き延びることができました。だから、私たちは彼の名前を大事にし、祖先の土地であるアルメニアで尊厳を保った暮らしを送らなければならないのです」(国連UNHCR協会[2015])

「難民の父」が去ったあとの世界

1920年代に登場した国際難民制度は、事前に設計図が描かれ、周到に練られた計画のもとで構築されたわけではない。100万人以上の難民の苦境を目の当たりにしたナンセンや難民高等弁務官事務所、赤十字国際委員会、国際連盟、ILO、市民社会組織の関係者たちが日々の実践を通じ、手探りで、また業務を分担しながら仕上げたものだ。

食料や衣服の提供といった緊急支援だけではなく、難民のために「法的空間」をこじ開け、人間として再生できる舞台をつむぎ出そうとした。緊張した国際関係のなかで、前例のない事態に対処しながら、彼らは絶えず「前へ」進みつづけた。この時代の難民の国際制度が語られる機会はとぼしいのだが、本章で描いたように、当時の現場は、じつに創造力と活気にあふれていた。そして、この輪の中心にいたナンセンは、やがて「難民の父」と呼ばれるようになった。

だが、ナンセンの死後、世界史は新たな局面を迎え、もともと脆弱(ぜいじゃく)だったベルサイユ体制は破綻に向かった。その後は世界恐慌のあおりもあって、欧州諸国は協調よりも単独行動を選ぶようになる。難民に対応するための予算・時間・努力もできるだけ削られるべきというのが、欧州でほぼ一致した見解となった。

覇権をめざしたドイツは、1935年にニュルンベルグ法を制定し、翌年、ロカルノ条約を破棄。やがて、ドイツ系とみなされない人びとは国外追放されるようになった。これに対し、英国やフランスが採ったのは宥和(ゆうわ)政策だった。ドイツとイタリアの領域から逃れた難民に対する1930年代の各国の行動も、この政策と足並みをそろえた。難民を制限するための国境管理の厳格化が各国で進み、1920年代の協定の実施も徐々に政治化していった。たとえば、イタリアからの難民は、協定の範囲から排除されるよう運用された。当時の時代検証をした難民学などの研究者、トミー・シェーベリはこうまとめる。

「各国政府は、難民という比較的重要ではないことで、ムッソリーニを挑発したくなかった」

もっとも、難民に関する国際条約で進展がなかったわけではない。１９３３年の難民条約は１９２０年代の協定を統合し、ノン・ルフールマン原則を含むもっとも包括的な難民条約となった。だが、ドイツからの難民はこの条約の適用の射程外だった。また、条約を国内で適切に実施するような工夫もなく、その効果は限られていた。たしかに以後、政治的事情のせいで事実上保護を失ったドイツ難民を保護する条約も採択されたが、世界が二度めの世界大戦につき進むなか、これが発効することはなかった。

結局のところ、当時の国際制度は、ホロコーストから逃れてきた人びとには何もしてくれず、彼らを見捨てた。１９３３年にドイツ難民高等弁務官に任命されたジェームズ・マクドナルドによると、当時、難民受け入れは、難民の本国に対する敵対行為として解釈された。そのため、国際連盟加盟国間の摩擦を望まない各国は、積極的な難民の保護を「自粛」した。第二次世界大戦に入ると、国際難民制度もほぼ瓦解（がかい）するのだった。

１９３０年代半ばから１９４０年代までの断絶を経ながらも、しかしナンセンらの活動と成果のおもな要素は、第二次世界大戦後に国連のもとで創設されたＵＮＨＣＲと戦後の難民国際制度にひきつがれ、あるいは影響を与えた。難民の地位の認定にもとづく国際的保護。自主帰還、庇（ひ）

護国（ごこく）における社会統合、第三国定住という難民問題の恒久的解決。難民パスポート。ＵＮＨＣＲの組織運営のあり方。同様に、無国籍者の国際的保護。多かれ少なかれ、すべてが当時の直の遺産か、そのインスピレーションを受けた産物である。第８代国連難民高等弁務官の緒方貞子は証言していた。

「難民問題解決を模索するにあたり、私はフリチョフ・ナンセンがつくった手本に習った」

１００年前に創造された制度の枠組みや原則が現在の世界に残され、影響を与えていることを「難民の父」ナンセンが知るなら、彼はいったい何を思うのだろう？

２０２２年2月に始まったロシア軍によるウクライナへの軍事侵攻により、6月2日現在、７８０万人近くがポーランドやルーマニアといった近隣諸国に避難している。今世紀最大の人道危機だ。さらには、気候変動の影響による極端気象や海水面上昇、生態系の悪化といった環境変化に起因し、２０５０年までに10億人が住処を移動せざるをえないとの可能性も示唆されている。戦間期の制度や原則をひきつぎ発展させながら、いまだ多くの難民や無国籍者の苦しみを克服できず、新たなタイプの強制移動まで生みだそうとしている21世紀のことを、ナンセンはどう思うのだろう？　鋭い眼光をわれわれに放ちながら、彼はきっとこうつぶやくはずだ。

「人類は１００年たっても漂流したままなのかね？」

第9章 住民交換

ナンセンは正義か？

ノルウェーの画家、エドヴァルド・ムンクの作品「叫び」は、世界的に有名な絵画作品である。じつは、「叫び」とよく似た構図で描かれた絵画が、あとふたつあることをご存知だろうか？そのひとつは「絶望」、そして残るひとつは1894年に制作された「不安」である。暗い服をまとって凍えた表情の人びとが、カール・ヨハン通りの桟橋で列をなす。背景には夕焼けとオスロ・フィヨルドが描かれる。上層に漂うオレンジ色と黄色、それを映しだしながら中央に渦巻く黒色や青色が、画面全体で苦い味わいの不協和音を奏でる。

ナンセンは、国際社会の「不安」にでも迷いこんだ気分で、抗いがたい、なにやら時間の力のような不気味な作用を肌で感じていた。

「ひとつの惨事が過ぎ去るまえに、つぎの惨事。いったい、つぎには何が起こるのか……」

顔に生ぬるい霧でも吹きつけられたような、いやな予感がナンセンを覆う。荒波と豪雪にはばまれた飢饉支援はまだまだ着港できそうにない。難民支援はようやく船出したところだ。それなのに、ギリシャとトルコのあいだには見通しを悪くする霧がたちこめていた。

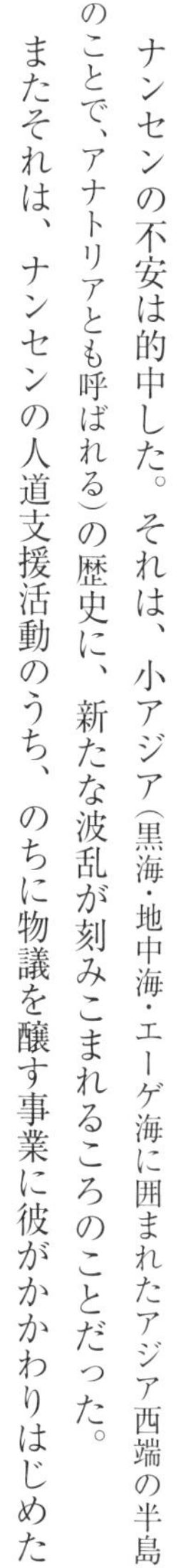

ナンセンの不安は的中した。それは、小アジア（黒海・地中海・エーゲ海に囲まれたアジア西端の半島のことで、アナトリアとも呼ばれる）の歴史に、新たな波乱が刻みこまれるころのことだった。

またそれは、ナンセンの人道支援活動のうち、のちに物議を醸す事業に彼がかかわりはじめた

エドヴァルド・ムンク「不安」
油彩、1894年［Jac Brun撮影、NLN］

ころでもあった。ナンセンの活動すべてが、だれにとっても、いつでも正義だと賞賛されてきたわけではない。多数の幸福が少数の不幸のうえに成立しているかもしれない。あるときの正義が、別のときには不正義と断罪されることもある。少なくとも、いまでは評価が分かれるのが、ギリシャ・トルコ間で行なわれた少数者の住民交換である。

ギリシャ＝トルコ戦争

ギリシャは1830年にオスマン帝国から独立していたが、帝国支配下にあった小アジアのスミルナ（現・イズミル）には、多くのギリシャ人がとり残されていた。第一次世界大戦でのオスマン帝国の敗退を見たギリシャは、これを、貿易港として栄えるスミルナを統合する好機ととらえた。1919年5月から翌年にかけ、英国の支援を得て、「ギリシャ人保護」の名目で小アジアに侵攻すると、イスラム教徒の家々をつぎつぎと焼き払った。

1920年8月、オスマン帝国は第一次世界大戦後の講和条約としてのセーヴル条約を受け入れ、領土を大幅に失ってしまった。オスマン帝国にとっては屈辱的ともいえるこの条約により、帝国は事実上、解体に向かうのだった。これを絶好の追い風と読んだギリシャ軍は、スミルナからさらにアンカラをめざして進撃した。ちょうど、ナンセンが捕虜帰還に奮励していたころのことである。

だがギリシャ軍は、そこで予期しなかった激しい抵抗にあう。その相手はオスマン帝国政府ではない。帝国はすでに、英・仏を中心とする連合国によって首都コンスタンティノープルを奪われ、弱体化していたのだから。ギリシャ軍に立ち向かっていったのは、アンカラで急進的な民族主義・独立主義を唱え、独自にトルコ国民軍を率いたムスタファ・ケマルだった。トルコ軍との一進一退の攻防のすえ、消耗したギリシャ軍は、スミルナまでの撤退を余儀なくされたのだった。

1922年8月、トルコ軍が全面攻勢をかけると、あれだけ勢いのあったギリシャ軍はまたたくまに総崩れとなった。スミルナに侵入したトルコ軍は、仕返しとばかりに、ギリシャ系の人びとが住む街に火を放った。恐怖におののいた住民は、ギリシャに逃れようと港に殺到。焼ける建

大火のスミルナ。1922年9月

物の熱波と火光を背に受け、ボートに飛び乗った。すし詰めの船内で狂乱した人びとはドックから海中に飛びこみ、港に停泊している外国船へ泳ぎつこうとした。さらにボートは転覆。多数の死者がでた。ギリシャ兵とギリシャ系住民が港から脱出したあと、トルコ軍がスミルナを奪還した。ちなみに、このスミルナの悲劇のとき、たまたま居合わせた日本の船が積み荷を捨ててギリシャ系住民を救助し、トルコ側の引き渡し要求にも応じなかった史実の可能性が指摘されている。

このギリシャ＝トルコ戦争での勝利が契機となり、1922年11月、アンカラ新政府は、トルコ大国民議会でスルタン制（オスマン帝国の世襲制の君主の地位）廃止を決議した。後述するように、翌年、アンカラ新政府はローザンヌ条約を締結し、トルコ共和国が成立した。それは、600年以上続いたオスマン帝国が、その歴史に幕を下ろす瞬間でもあった。

追いたてられる人びと

ケマルとアンカラの指導者たちは、キリスト教を信仰するギリシャ系住民が、新たに建設されるトルコに対して忠誠を誓うとは思っていなかった。そこで1922年、彼らが「トルコの地にこれ以上、居続けることを許さない」とし、トルコ領域内からの追放を決めた。ギリシャ系住民は、作物が熟しつつある小アジアの農園を捨て、移動を始めなければならなかった。その数100万人超。多くはまず、コンスタンティノープルまで逃れ出た。ただしトルコは、経済的原動力としてのギリシャ系住民の価値を知っていたので、彼らがコンスタンティノープルに留まることは受け入れた。

他方、トルコ系住民のギリシャからの出国という、逆の人流もあった。ギリシャにはトルコ系イスラム教徒の少数民族が居住していたが、ギリシャとトルコの関係が緊張すると、彼らのなかには自分たちの存在が脅かされると感じ、トルコに向かうことを望む者もいた。

ナンセンは、難民高等弁務官事務所のコンスタンティノープル代表から一通の電報を受けとった。それは、ギリシャ軍撤退以降、キリスト教徒であるギリシャ系住民が小アジアにとどまることができない事情を説明し、ナンセンの応援を求める内容だった。ちょうどそのころ、国際連盟総会がジュネーブで開催されていて、その場に招かれたナンセンは演壇に歩み出て電報を朗読した。

ナンセンは緊急行動をとるため、電報朗読の24時間後には、難民高等弁務官の権限を拡大するよう国際連盟を説得していた。そして1922年9月19日、国際連盟総会は、ナンセンにその権限を与えることを投票で決めた。

それから1か月後、ナンセンは国際連盟に予算を用意させたが、各国政府も個別の支援を約束した。彼はその間、ろくに睡眠もとらず、食料入手の指示を出し、輸送用船舶の手配のための契約を結び、対応する職員を適所に配置した。さらに、ギリシャの港に設置するテントやバラックなどの準備に駆けまわった。

90万人の窮状と国際支援

やがて、米国・英国籍の船舶で脱出した90万人のギリシャ系住民が、ギリシャに到着する。しかし、ここからが問題だった。圧倒的な流入者数をまえに、ギリシャ政府はなすすべもなく呆然とするばかりだった。季節はいつしか秋から冬へと移り変わろうとしていたが、崩れこんだ人びとの状況はひどくなるばかりだった。彼らがあわただしく家を捨てて小アジアを離れたのは夏だったので、冬服は持ちあわせていなかった。

1922年末から翌年にかけての冬の季節、多くの人びとが教会や駅、劇場、テント、廃棄された軍事施設、ぼろぼろの空き部屋などに身を寄せていた。離ればなれになってしまった家族の親が、わが子を必死で探しまわる。ギリシャへの入国前に命が尽きてしまった子の亡骸を離さず、虚ろな表情でさまよい歩く親の姿もあった。

毛布や十分な食料も与えられず、冷気に包まれた野外で息絶える人びともいた。乳児とその母親たちの死亡率は大きく跳ね上がり、1923年初頭には、概算で3万人が命を落としたとされる。犠牲者のおもな死因は肺炎だったが、死亡率を高めた一因は、人びとのあいだで急拡大した感染症だった。いくつかの避難キャンプでは天然痘の拡大が宣言され、またチフスやコレラも流行していた。

「食料と衣類の不足、居住環境の質、寒さ。これらすべてが、深刻な感染症の可能性を高める」

ナンセンはそう説明し、ギリシャの地方自治体が感染症の危機に立ち向かえるよう、国際社会に支援を訴えた。英国と国際連盟は即座に応じ、資金を提供した。それを元手に、４万回接種可能な量のワクチンを購入できた。さらに、ポーランドにおいてチフスと闘った経験をもつ、国際連盟伝染病委員会の職員を招いた。努力のかいあって、感染症は急速に収束に向かっていった。


食を与え、服を着せるといった緊急支援には、危機に瀕(ひん)した人びとの命を救うという尊い使命がある。しかし、それだけでは根本的・永続的な解決には結びつかない。ナンセンは、この危機に直面した初期からそう感じていた。人として働き、住処を得て、スキルや経験を活かしながら生きつづけるための場所が、これから先、彼らには必要だ。だが、全人口５００万人程度のギリシャが、90万人の移住者を吸収できるわけがない。かといって、追い立てられた人びとは、トルコに戻るつもりなどない。たとえその意思があったとしても、肝心のトルコがそれを認めそうになかった。


ギリシャ系住民の支援は急を要したが、ナンセンは同時に、ギリシャからトルコに向かおうとするトルコ系住民にも目を向けていた。

「彼らがすぐにトルコに帰国できれば、オリーブを収穫することができる。冬の大地に種を植えつければ、彼らはきっと自活できるようになる」

食糧危機を避けるため、ナンセンは、スミルナなどの地域に３５０トンの小麦粉を調達した。

また、コンスタンティノープルからスミルナ周辺に1万人を移送するための船も手配した。

計画の始まり

ギリシャの状況が切迫しているのは、だれの目にも明らかだった。これ以上の人の流入には耐えられない。かといって、トルコ人とギリシャ人のあいだには殺戮（さつりく）と報復の連鎖があり、共生の選択肢はないようにも思えた。解決への道はただひとつ。ふたつの国家が国内の少数民族をたがいに交換することで、民族を分離することだ。20世紀に前例がないわけではない。1913年にはトルコ・ブルガリア間で、1919年にはブルガリア・ギリシャ間で、条約にもとづいた住民交換が行なわれている。いずれも、住民の自由意思にもとづく交換の実行だった。

今回も、トルコ系住民とギリシャ系住民を条約によって国家間で入れ替える。しかし、この規模での政府間合意による住民交換は、歴史上前例がない。実行可能なのか？　意見が具体的に交わされるようになった。ナンセン自身は、この問題が顕在化した当初、住民交換が解決法になるとは思っていなかった。彼の念頭にあったのは、トルコ領内に自治区を設けて、そこにギリシャ系住民を居住させるというものだった。だが、事態はすでに思った以上に複雑で、この案をトルコが受け入れそうにないことはすぐにわかった。

早い段階で住民交換計画を推進したひとりが、フィリップ・ノエル＝ベーカーだった。彼は、

1922年10月9日の手紙で、エリック・ドラモンド国際連盟事務総長にこう伝えている。
「もしギリシャがトルコ系住民を追放するのなら、ギリシャ系住民を受け入れる場所ができる。トルコは代わりに、スミルナに新たな住民を迎え入れることができる」

一方、ギリシャの元首相で内外に強い影響力をもつエレフテリオス・ヴェニゼロスも、国際連盟理事会に送った1922年10月16日付の手紙で、ギリシャ系住民とトルコ系住民の「強制的交換」を提案した。この手紙でヴェニゼロスは、必要な調整をナンセンに求めてもいた。ほぼ同じころ、ナンセンは、在コンスタンティノープルの連合国(英国、フランス、イタリア、日本)代表に招かれていた。そこで各国代表は、住民交換にナンセンが関与することを支持した。連合国が、和平交渉の課題でもある住民の帰属問題の早期解決を望んでいたのは明らかだった。

このとき、目前にはふたつの障壁が立ちふさがっていた。ひとつはトルコを出国したがギリシャに定住できない90万人の人びとの苦境、もうひとつはトルコで生ずる人口減・空閑地増への対応である。

ナンセンもまたそのころ、住民交換が、ふたつの問題を同時に解決する現実的方法だと考えるようになっていた。そこで彼は、理屈として、難民問題と少数民族の交換が本質的に連動していると想定した。この想定のもと、国際連盟がゆだねた難民高等弁務官としての任務を弾力的に解釈することで、住民交換計画の実行をみずからの職務の一部に位置づけたのだった。

この住民交換は、歴史的に最大規模となりそうだった。しかも、住民の自主的な判断ではなく、移動が強制される可能性も出てきた。米国や他の欧州諸国から「粗暴だ」「無責任だ」との声が上がったように、多くの人びとがこの計画に懐疑的だった。たとえこの計画が正当化されたところで、「実行不能だ」とナンセンら関係者を非難しただろう。だが、奇抜なアイデアに批判が殺到することには若いころから慣れっこのナンセンは、反対や疑念のまえで躊躇するつもりはなかった。早速、この計画の実現に向けて積極的に乗りだすと、ギリシャとトルコの仲介者の役割を果たすのだった。

急かすギリシャ、かわすトルコ

ナンセンのギリシャ側の交渉相手であったヴェニゼロスは、国際連盟に宛てた先の手紙で、すでにこう求めていた。

「トルコ政府との住民交換によって、人びとを空閑地に定住させる」

彼はトルコとのあいだで問題が浮上する以前から住民交換推進派であって、住民交換のことを「急進的調整」と呼んでいた。彼は基本的に、ギリシャの安定が欧州全体の平和に依存していると見ていた。そして、バルカンで永続化しそうな民族対立を一刻も早く解決する方法は、住民交換だと主張した。同時に、ギリシャに流入した人びとの居住や生活を支えるための国際融資も、国際社会に訴えたのだった。

だが、ヴェニゼロスは、住民交換をギリシャが勝手に進めることなどできないこともよくわかっていた。トルコ系住民を一方的に国外追放してギリシャ系住民を受け入れる場所を用意しようものなら、どうなるか。トルコからのなんらかの報復は免れないだろう。また国際社会からの理解も得られず、国際融資など受けることはできない。だから、ギリシャがこれを実現するには、トルコの同意がどうしても必要だった。ギリシャ側と交渉するうち、ナンセンもまた、住民交換は、トルコも参加する条約にもとづいて実行されるべきだと考えるようになった。

ヴェニゼロスはナンセンを急かした。電報を打ち、トルコの同意を一日でも早く引きだすように求めた。そして、もしトルコがこれを拒めば、ギリシャが一方的にトルコ系住民を自国領域から追放せざるをえないとの、脅迫にも似た伝言をトルコのケマルに渡すよう告げた。ギリシャ系住民の流入がさらに逼迫するなか、ヴェニゼロスは焦りを隠せなくなっていたのだ。

一方のトルコ側との交渉は、ことのほか難航した。トルコ赤新月社を通じてトルコ政府との関係を確立すると、ナンセンはケマルに接近し、その代理人と交渉を進めていた。だが、そのプロセスは遅々として進まない。トルコは住民交換計画に反対はしなかった。だがしかし、それ以上、話を進めようともしなかった。ナンセンは幾度もはぐらかされ、長く待たされたあげく、ローザンヌ会議前にトルコ側と実のある対話を交わすことはできなかった。トルコの指導者と直に対面することすら許してもらえなかった。このことで、交渉・仲介者として高く評価されていたナンセンの国際的評判は傷ついてしまった。結局、住民交換に関する話し合いは、ローザンヌ会議にひきつがれることとなった。

トルコがのらりくらりとナンセンとの直接の本格的交渉をかわしたことには、いくつかの説明があるだろう。まず、住民交換はギリシャにとっては緊急課題だったのだが、新国家成立過程にあった一方の当事国トルコにおける優先順位は、さほど高くはなかった。そのため、ローザンヌ会議を待ってからでもとりかかれる案件というのがトルコの見方だった。あるいは、法的拘束力のある条約を締結するまえに、ギリシャ人をできるだけ追放してしまい、その後に結ばれる条約が自国に与える影響を最小限に抑えたいとのねらいがあったのかもしれない。また、ナンセンは難民高等弁務官として、つまり国際連盟の代表としてふるまっていたのだが、当時のトルコ政府はそれを一個人の行動としか見ていなかった。

難航するトルコとの交渉で迫られた「待つ」という忍耐の行為は、ナンセンに耐え難い苦痛を強いるものだった。せっかちで迅速な行動が信条だったナンセンにとって、それは苦行にほかならない。そこで、みずからの行ないが他者の未来に与える影響を強く思うことで、彼はこれを乗りきろうとした。アンカラに交渉に行く準備をしながら、彼は友人のリリー・ソルザーに手紙をしたためている。

「困難は気にしない。闘いも気にしない。苦境や苦痛なども気にしない。だがね、『待つこと』は別だ！……これで人は自分を見失うのだよ。ただ、私は知っている。すべての人びとの未来がかかっていることを。私の行動でそれが決まるということを。だから、私は辛抱強くならなければならない。いや、礼儀正しくすらあるべきなのだ」

ローザンヌ会議

1922年11月から1923年7月にかけ、スイスのローザンヌにおいて、連合国とトルコとのあいだで講和会議がもたれた。独立戦争でギリシャを破り、オスマン帝国のスルタン制を廃した新生トルコ政府がまずなすべきは、1920年8月に締結され、トルコにとっては不利な内容のセーヴル条約の破棄だった。このような背景で開かれたローザンヌ会議によって、1923年7月、トルコと連合国とのあいだでローザンヌ条約が締結された。ローザンヌ条約でトルコは、小アジアとイスタンブール周辺の領土と主権をとり戻すことができた。そして1923年10月、トルコ共和国が正式に樹立された。なお、このとき確定した領土が、現在のトルコ共和国の領土である。

ローザンヌ会議でのもうひとつの議題は、確定された領土とも強くつながる住民交換だった。実際に審議が始まったのは、1922年12月になってからのことだった。この委員会の議長をつとめたのは英国のジョージ・カーゾン。第一次世界大戦時のロイド・ジョージ内閣のひとりであり、ローザンヌ会議を実現に導いた立役者のひとりである。彼はナンセンを議場に招いて意見を述べさせようとした。だが、ナンセンには公式の代表権がないと主張するトルコ代表の反対にあい、この試みは阻止された。

だが、ナンセンは事前に、ギリシャ・トルコ両国との交渉について詳細にまとめた報告書を会議に提出していた。また、英語でまとめた陳述書を会議参加者に提出してもいた。報告書と陳述書は、ナンセンの提案の骨格を示していた。その柱はこうだ。この住民交換が歴史的出来事であること、これが多くの困難をともなうこと、たとえそうでもこれを決行するほか問題解決の道がないこと、何も行動をおこさないという選択肢はないということ。そして、住民交換の実行は、条約の下で秩序をもって統制されるべきであること。

カーゾン議長は陳述書の内容を、通訳を介してフランス語で会議参加者に伝え、参加者の見解を求めた。彼は願っていた。

「議論が実体のある、何か価値あるものを生みだすように」

ナンセンは、ノエル＝ベーカーとともにオブザーバーとして、みずからの陳述書がフランス語で読まれる場面に立ち会った。ナンセンがこの計画に発案の段階からかかわり、両国への交渉者として貢献したことを、参加者は当然知っていた。そして彼が示した情報や見解は、各国代表がこの課題について議論するさいの枠組みや手引きとなっていった。

さらに詳細を詰めて合意を形成すべく、翌１９２３年１月には小委員会が設けられ、住民交換実施の前提条件や実施方法などが詳しく話し合われた。ナンセンを通じての交渉では具体的進展を望まなかったトルコも、ローザンヌ条約の交渉が大詰めに入ったいま、住民交換にかかる合意

ローザンヌ条約調印後のトルコ代表団

形成の意味をよく知るのだった。新国家トルコの基本姿勢に反発するかもしれないギリシャ系住民の排除は、同国にとっても必要なことだったのだから。

住民の自主的判断の尊重か、強制かについては、この段階でも意見が分かれていたが、交渉のすえ、ようやく後者で決着がついた。このようにして、住民交換の計画は、ナンセンらの案におおむね沿った内容の条約として結実するのであった。

ギリシャ・トルコ協定の締結

ギリシャ・トルコ両国は最終的に住民交換の計画を受け入れ、1923年1月31日、「ギリシャ・トルコの住民交換に関する協定」(ギリシャ・トルコ協定)に署名した。なお、この協定はローザンヌ条約の一角に位置づけられる。既述したように、ローザンヌ条約は、現在のトルコの成立を認め、領土を確定した重要な条約である。そのローザンヌ条約の一部であるギリシャ・トルコ協定の第1条は、少数民族が帰属する国家についてこう定める。

トルコ領域内に定住しているギリシャ正教徒のトルコ国民と、ギリシャ領域内に定住しているイスラム教徒のギリシャ国民を、1923年5月1日より強制的に交換する。これらの者は、トルコ政府あるいはギリシャ政府それぞれの承認なくして、トルコあるいはギリシャに戻り生活することはできない。

この条文が示すように、住民交換は彼らの自由意志ではなく、強制的に行なわれる。のみならず、原則、帰還も許されない。また、対象となる住民の選定基準だが、ギリシャ系住民・トルコ系住民という民族性は、ギリシャ正教徒・イスラム教徒という宗教の文言のなかに埋めこまれることとなった。

実際の住民交換は1923年7月24日に始まり、最終的に150万人のギリシャ系住民と40万人のトルコ系住民が「新たな祖国」で生活を始めることとなった。公式には、住民交換の遂行には8年間かかったことになっているが、会議と調整をくり返しながらも、実態としては4年間でおもな移動は終了していた。

その間、ギリシャ政府は国際連盟から融資を受け、帰国するギリシャ人のスムーズな再統合をめざし、新たな村や産業を整えることができた。また国際連盟は、ギリシャから去ったトルコ系住民にも補償を提供した。

ところで、ギリシャ・トルコ協定の第11条には、混合委員会の創設が定められている。混合委員会は、当事国であるギリシャとトルコから代表者4人、そして第一次世界大戦不参戦の諸国の国民で国際連盟理事会が選任する3人から構成される。その任務は、住民交換事業の監督などである。また、交換の対象となる住民の動産・不動産の管理なども行なう。このように、ギリシャ・トルコ協定にもとづき、国際連盟が公式にその管理に関与するかたちで住民交換は進められた。

安全と平和の促進か、民族浄化への加担か

当時としては歴史上前例のない、条約下での強制的住民交換は、ナンセンがかかわった事業のなかでももっとも物議を醸した。これは一方で、人びとの命を救い、平和を促進したと高く評価される。積極的評価には三つの主張が含まれる。まず、合計200万人近くのギリシャ系住民とトルコ系住民の生命・安全が守られた。この評価の前提にはつぎのような理解があった。トルコとギリシャの関係がさらに悪化すれば、両国に居住していた少数派が、多数派住民から敵対行為を受ける危険性は高まる。そこで、少数派の居住国を変更することで、そのような危機を回避することができた。実際、「新たな祖国」に移動した人びとの多くは自給を果たせるようになり、ふたたび飢餓や感染症におびえることもなかった。

第二に、ギリシャとトルコの両国政府にとって、住民交換は、国際紛争管理の観点から意味のあるものだった。たがいの少数民族への攻撃やナショナリズムの衝突の危機を回避したことで、両国の摩擦の要因をひとつ減らすことができた。結果的に、両国は衝突を避け、当面は良好な外交関係を維持できた。

第三に、ギリシャについては、意欲的な商人をはじめ、さまざまな職種で有能な人材を新たに迎え入れることができ、同国の経済に有益に働いた。移住を果たしたギリシャ系住民は、当初、テント住まいをしながら煉瓦（れんが）を焼き、小さな農園を耕した。生活の基盤が整うと、漁業・農業・牧畜業を通じてギリシャ経済に貢献するようになった。

なかには、ギリシャでは目新しい産業を切り拓く人びともいた。たとえば、東洋的な技法で織り上げるじゅうたん、タバコの栽培や養蚕、ぶどうの改良栽培などだ。このような産業文化は、ギリシャ系住民が世代を通じて継承してきた。勤勉かつ節倹家でじつによく働いたので、ギリシャ政府も移住者への支援を惜しまなかった。彼らに資材などを提供し、各自で住宅を建設できるようにした。さらに、国際連盟から1000万ポンド以上の国際融資を調達できた。

他方で、住民交換は厳しく批判されてもいる。ギリシャ・トルコ協定は、ふたつの民族の共存・共生・融和ではなく、分離・強制移動によって国民の同質化を推し進める条約だった。民族的に高純度の国民国家建設をめざすギリシャとトルコの政府は、この協定にもとづいて、少数民族の強制的排除と受け入れを相互に認めることができた。両国にとっては、国民国家の原理にかなった新たな国家像を世界に示す機会でもあった。より根本的な動機は、国家の民族的統一性に挑戦しかねない人びと、つまり、少数者の排除だった。

だが、特定の民族集団を居住地域から強制的に排除するという行為は、「民族浄化」にほかならない。とくにギリシャに住んでいたトルコ系住民の多くは、トルコへの移動などそもそも望んではいなかった。彼らはギリシャ語を使い、他の住民とも平和的に共生していた。それなのに、住民交換は、それまであった経済的基盤と生活の場を根こぎにし、平穏な日常を彼らから奪っていった。それだけではない。共同体の仲間であったはずの人びとに「他者」「敵」のレッテルが貼られ、それがあたかも昔からそうであったかのように、集団的記憶が書き換えられていった。さらに、単一民族による国家建設が可能であるとの幻想を両国に植えつけることにもなった。

しかも、民族浄化にもあたるような行為が国際連盟の関与のもとで実施され、二か国の法的な合意としての条約、つまり、国際法によって営まれた。国際連盟の管理下で国際法のベールを羽織った住民交換。これにより、民族の分離や強制移動は「国際的に正しい」との印象が構築されていく。やがてこの協定は、後世の住民交換の事例で「模範」となった。たとえば、1939年6月の、南チロルのドイツ系少数民族の移動を実施するためのドイツ・イタリア間の協定。また、1947年にインド・パキスタン間で行なわれた、計1100万人にもおよぶヒンズー教徒とイスラム教徒の交換。いずれにおいても、ギリシャ・トルコ協定は「先行事例」として参照されたのだった。

ナンセンはなぜ関与したのか

多くの人びとを死の淵から救いだす人道支援活動で功績を積みはじめたナンセンは、なぜ、後世で正当性が厳しく問われる住民交換の発案と交渉に関与したのか。この疑問は、ナンセン研究者のあいだでも、いまだ解かれていない。

だがそのヒントは、１９２０年代に彼がかかわった人道支援活動に通底する思考や信念に隠されているように思う。捕虜の帰還、飢饉支援、難民の支援でナンセンが見つめていたのは、それぞれで対象となった人びとの生命や尊厳だけではない。彼はその先にある、第一次世界大戦後の平和の構築に想いをはせていた。それを達成するための手段として彼が確信していたのは、国民国家体制の確立と強化、拡張であった。それによって、欧州と世界に安定と秩序がもたらされると彼は信じていた。ナンセンの人道支援活動における思考の軸は、そこにあるのだと思う。

そして、住民交換へのナンセンの関与も、この思考や信念に合致した行動だった。ナンセンは、ギリシャ系住民とトルコ系住民を物理的に入れ替えることで、彼らが直面する喫緊の課題を一気に解決しようとした。それだけではない。ローザンヌ条約の一部を成すギリシャ・トルコ協定の本質は、戦後のパリ和平の補正にあった。つまり、オスマン帝国解体後の国際的処理を請け負い、新国家トルコの創設を実現する国際文書だった。それは、「少数派アイデンティティの交換」による国民国家の完成をめざすことを意味していた。同時に、ギリシャ・トルコ間の緊張関係を緩和するという、補完的作用もあった。

ナンセンの視点に立つなら、住民交換は、平和という目標まで射程に入れた計画だった。国際政治の大流に身をまかせ、それを利用しながら目標の達成をめざす行動パターンからすれば、ナンセンが住民交換に関与することは自然ななりゆきだったのかもしれない。実際、彼は、住民交換を関係国の経済状況だけでなく、より大きな文脈でとらえていた。

「これは世界平和にとってもきわめて重要である」

しかしながら、願う平和が、一定の人びとへの暴力という犠牲のもとに成り立つという前提は、彼の視界からは消えていた。いや、視野には入っていたが、そのような犠牲には無頓着だったのかもしれない。

ナンセンの無頓着は、戦間期における国際社会の人権への無頓着と歩調を合わせているかのようだ。当時、人権は、国家主権の原則により他国が介入できない国内問題であり、各国の憲法で扱われるべき事柄だった。人権侵害に対する黙認が全体主義的諸国の暴走と戦争を助長した歴史を反省し、平和を達成するうえで人権保障が不可欠であることが認識されたのは、第二次世界大戦後のことである。

住民交換が行なわれた1920年代には人権の国際的保障は未発展で、少数民族の人権に対する意識も希薄だった。たしかに、国際連盟規約では「人道的な労働条件の確保」が定められ、国際労働機関（ILO）が設立された。なにより、戦間期には少数者保護の諸条約が結ばれ、少数民族の保護・安全の確保、言語・文化・宗教の承認などが定められた。しかし、これらの多くの本質は、各国の国益や国家安全保障に連鎖していた。人権の国際的保障という発想は主軸ではなく、あくまで形式的なものにとどまっていた。

そのため、国際政治の大流をつかむことで平和を達成しようとしたナンセンの感覚からすると、犠牲となる少数はささいなことだったのかもしれない。もっとも、そのような無頓着はナンセンだけではなく、国際人権法が未発展であった時代が一般的に共有する感覚でもあった。だから当時は、彼が批判にさらされることはなかった。むしろ、住民交換へのナンセンの関与は平和の促進への貢献と称えられ、彼にノーベル平和賞が与えられる理由のひとつでもあった。

[Narve Skarpmoen撮影、NLN]

第10章 前へ！ 平和へ

ロシア軍による2022年ウクライナ侵攻

世界が震撼した。2022年2月24日、ロシア大統領のウラジーミル・プーチンは、ウクライナ東部のドンバス地方における「特殊軍事作戦」の実行を公表した。ウクライナへの事実上の侵攻だった。ロシア軍は当初、首都キーウ（キエフ）の支配と政権転覆をねらったものの、ウクライナ側がこれに激しく抵抗。4月3日、ウクライナ政府は、キーウ州全域をロシア軍から解放したと発表した。

しかしその間にも人道危機は深まり、連日、戦火のウクライナ市民の悲痛な声が届けられた。たとえば、マリウポリの小児科・産婦人科病院が攻撃を受けるなど、ロシア軍によるとみられる非人道的行為も伝えられた。報道によると、2022年6月7日までに、文民の死者数は4200人以上を数えた。プーチン大統領は、核兵器使用の選択肢すらちらつかせて世界を恫喝。第三次世界大戦に突入しても不思議ではない空気に世界が飲みこまれた。

プーチン大統領がウクライナ侵攻に出た原因については、さまざまな指摘や議論がある。北大西洋条約機構(NATO)とワルシャワ条約機構が軍事的に対峙していた冷戦が終わりを告げ、ソ連が崩壊すると、2004年までに東欧諸国のほとんどはNATOに入った。さらに、グルジア(ジョージア)がNATO加盟の意思表明をすると、ウクライナでもそれをめざす動きが出てきた。ロシアとしては、ウクライナに親ロシアの政権を樹立して加盟を断念させ、NATOの東方進出、

ロシアの侵攻により廃墟となった建物
キーウ州ボロディアンカ、2022年

じんわりと進む西欧の拡張・侵入をくい止めたかった。もちろん、だからといって、ロシアの行為が許されるわけではない。

ただし、そこにいたる過程で、欧米に対するロシアの恐怖心と不信感が高まっていたのは確かである。ひとつの理由として、冷戦終結以降、欧米諸国がロシアとの関係づくりに十分な気づかいをしてこなかったことが挙げられる。ソ連からロシアへと新たに生まれ変わった直後には関係が良好な時期もあったが、市場経済化と西側資本の流入が加速するにつれ、反欧米感情は高まっていった。また、2001年の米国同時多発テロ事件をきっかけに欧米が安全保障政策を強化すると、ロシアとの溝はいっそう深まった。しかし、どの局面でも、ほとんどの欧米諸国は、ロシアを「かつての敵」あるいは「冷戦の敗者」程度にしか見ていなかったし、そのような相手としてしか扱わなかった。結局、ロシアを深く理解しようと努め、「敵」同士ではない、「隣人」としての新たな関係を真剣に築こうとはしなかった。

もっとも、欧米に対するロシアの恐怖心と不信感は、第二次世界大戦後に生まれたわけではない。それは歴史的にもっと根深く、少なくとも、ロシア革命の時代にさかのぼらなければならない。当時、共産主義国家の成立を阻止したい英国、フランス、米国、日本といった列強は、反革命勢力を支援する軍隊を派遣して、この革命を妨害しようとした。いわゆる干渉戦争である。しかし、1920年までに反革命軍はほぼ鎮圧され、各国の干渉軍も撤退していった。やがて革命政府はソ連を成立させる。だがソ連は、第一次世界大戦後の新たな国際体制に参画できなかった。

結果、自国が「敵」に囲まれているという認識の定着と、それにともなう恐怖心・不信感は深まるばかりだった。

『ロシアと平和』を著す

戦争は人の心の中で生まれるものであるから、人の心の中に平和のとりでを築かなければならない。相互の風習と生活を知らないことは、人類の歴史を通じて世界の諸人民の間に疑惑と不信をおこした共通の原因であり、この疑惑と不信のために、諸人民の不一致があまりにもしばしば戦争となった。

これは、1945年に採択された「国連教育科学文化機関憲章（ユネスコ憲章）」の前文にある文章である（文部科学省の日本語訳を引用）。憲章採択から20年以上もまえのこと、ここに書かれた示唆を実践しようとしていた人物がいた。ナンセンだった。彼は1923年、英語で『ロシアと平和』を著した。これは、ロシア＝ソ連と西側諸国・国際連盟の間の疑惑と不信をとり除き、両者を架橋することを試みる書籍だった。

欧州が第一次世界大戦後に直面していた混乱から脱するには、異なる国家・国民がたがいのことをよく知り、理解しあう必要がある。とりわけ、広大な領土と肥沃（ひよく）な土地、豊富な資源をもつロシア＝ソ連とその国民に対する理解は、戦後の欧州復興において欠かせない。ナンセンはそう考えていた［Nansen［1923］pp.156-157］。

戦前にロシアとシベリアを旅したとき、私はこの広大な地域の豊かさと、欧州の経済においてすでに重要な役割を果たしていること、そして発展の大きな可能性に驚かされた。私は、ロシアと諸外国とのあいだの正常な関係の再開が、両国の繁栄のために不可欠であると確信している。しかし、新しい経済関係が、ロシアの貿易、工業、農業、輸送、金融の実情に対する誤った認識にもとづいているとすれば、それはもっとも不幸なことである。

ところが、ロシア革命と干渉戦争以来、西側諸国とロシア＝ソ連の関係は悪化の一途をたどり、かつてないほどに「国民間の憎悪」が高まると、相互に信頼を失っていった。だからまず、国家間のみならず国民間でも相互に理解が促進されなければならない。それは、関係各国の国益、究極的には世界の平和に資することである。これが、彼が『ロシアと平和』を書いた背景事情と動機だった。

ナンセンが要と見てこの本で力点をおいたのが、経済分野だった。具体的には、欧州における

ウラジオストクでパレードを行なう連合国の干渉軍。1918年9月
[Underwood & Underwood撮影]

経済の均衡やロシア＝ソ連の経済状態、同国の経済関連機関、貿易、金融、交通、農業の性質や問題点などについて論じている。また、教育や衛生問題、社会問題も網羅している。

以上を検討したうえ、ナンセンは、ロシア＝ソ連と他国との正常な関係構築が、両者の繁栄にとって必要不可欠だと力説する。そして、ロシア＝ソ連が排除を受けるひとつの理由は、他国がその経済を正しく理解しておらず、多くの誤解がまかり通っていることだという。ロシア＝ソ連を正しく理解すれば、同国への支援が、貿易を含む安定的国際関係を構築する投資となることが理解できるはずだ。やがて、西側諸国にとって有益となることもわかるはずだ。共産主義と非共産主義の共存、そしてたがいの協力。それが世界を平和に導くというのである。

『ロシアと平和』の執筆でナンセンが心がけた点について、彼自身が述べている。みずからの価値基準に囚われた判断や偏見を極力避け、可能なかぎり客観的にロシア＝ソ連について説明することだという[Nansen[1923] pp.156-158]。

本書の各章では、この国の経済状況をできるかぎり客観的に描写するよう努めた。欧州の均衡を回復するうえで、ロシアの要素が果たす役割を正しく判断するためには、その重要性を過小評価することを避けるべきである。他方、欧州の半分とアジアの大部分を占めるこの広大な土地の現在の生産力と購買力に関しても同様に、幻想を抱いてしまうことは避けるべきである。

……私はまた、ロシアの排斥が欧州の均衡を致命的に乱していると強く感じていた。だから、この仕事を通じ、海外の一般大衆が矛盾した、しばしば虚偽の報道によってしか知らないこの国の状況を、きわめて客観的に、まったく公平に研究する機会を与えられたことを喜び、歓迎した。

しかし、新たなイデオロギーの登場という意味で冷戦の起源にも位置づけられるこの時期、ナンセンのこの姿勢やアプローチを嫌う読者は少なくなかった。飢饉支援を推し進めようとしていた矢先、ナンセンはいっそう、ウラジーミル・レーニンにあやつられた代弁者として国際連盟内で糾弾されるようになった。ただし、このようなナンセンへの非難の少なくとも一部は、共産主義思想とロシア＝ソ連の力に対する国際連盟内の恐怖心を体現するものであった。

飢饉の事実が明らかになるやいなや、ナンセンはほとんど毎週、さまざまな場所で、政治家や役人だけでなく一般市民にも、この問題について語りかけた。支援の表面的な方法論にとどまらず、平和について彼らの魂に語りかけた。だが結局、『ロシアと平和』で彼が願ったことは実現されなかった。

後述するように、ナンセンは1922年にノーベル平和賞を受賞するが、12月19日の受賞記念講演で彼はこう述べた。

「最後に、ロシアへの支援について少し触れさせてほしい。国際連盟はこの活動に参加しなかった。その事実を私はひじょうに残念に思う。まだ時間が残されているあいだに、国際連盟が偉大な権威をもって力を貸していたなら、ロシアは救われ、ロシアと欧州双方の事情は、いまとはまったく異なっていたはずだ。私はそう確信せざるをえない」

ロシア軍によるウクライナ侵攻は、ナンセンのノーベル平和賞受賞からちょうど100年後の出来事だ。その起源のひとつをわれわれに気づかせようとする彼の声は、時間を超え、われわれにいま、届く。

人道支援と国際政治

ナンセンがこの本で「平和」について語り、また人生後半で国際連盟と人道支援活動に心血を注いだ動機は、見るに耐えない世界の荒廃と、その原因たる「戦争」にあった。総力戦での無意味な虐殺と徹底した社会的基盤の破壊を目撃してきた彼は、戦争を忌み嫌い、人類をふたたびそこにひき戻してはいけないと心から願った。国際連盟への報告のなかでくり返したナンセンのフレーズがある。

「文明化の手段を、戦争にけっして求めてはならない」

物質的・精神的文化の繁栄を正当化するには、戦争はあまりに高くつくという意味だ。そうであるから、軍縮の促進は、国際連盟が逃げてはならない挑戦だとナンセンは感じていた。「……世界の目から見れば、国際連盟にとって大きな試金石は、軍縮をもたらすことができるか否かである」

軍縮だけではない。国際連盟の活動で中心的役割を担ったロバート・セシルやフィリップ・ノエル＝ベーカーと同様、ナンセンもまた、この機関をたんなる外交の「予備車輪」とは考えていなかった。国際法と国際機関を発展させ、新たな集団的安全保障制度を確立する。紛争解決制度と国際司法制度によって戦争を未然に防ぐ。そうすれば、人類は平和を手に入れられるはずだ。彼はいつしか、そう信じるようになっていた。そのとき、彼を貫く姿勢は創造性だった。「われわれは国際的スピリットが成長するまで待てない。それを創りだすために事をなすべきだ」

ナンセンは自分がかかわっている人道的問題の原因もまた、戦争にあると考えていた。「すべての終わりなき恐怖、この不幸、途方もない苦難、見捨てられたあまりに数多くの捕虜、飢餓に苦しむ人びと、そして数百万人もの無力な難民たち。この不幸は、戦争が直接的あるいは間接的にもたらした結果である」

また一方で、彼のおおいなる懸念は、戦争がもたらした「結果」が、新たな戦争の「原因」となってしまうことだった。母国に戻りたくてもそうできない捕虜、国民を国家から引き離す遠因となる飢饉、再編された国家に適合できず排除された難民や無国籍者は、第一次世界大戦後の国際秩序を不安定にする要因だと見ていた。

国家と国民をしっかりつなぎとめなければ、戦後の国際社会の復興と安定は望めない。それがなければ、世界に平和は訪れない。そこでナンセンは、第一次世界大戦がもたらした荒廃を、世界を再構築し平和に向かわせる契機に位置づけようとした。安全保障や軍事の分野の整備だけではなく、国家と個人の関係を安定化させなければ、戦争はふたたび世界に舞い戻る。だから、個人が国家にしっかり固定されるような社会を築かなければならない。

だがそれは、各国の政治だけで、あるいは民間の慈善活動だけでは実現できない。そこでナンセンは、それまで「非政治的」と認識されがちだった人道支援活動を、あえて国際政治の激流のなかに配置することで、戦後復興時の国際社会を安定させ、戦争の再発を食いとめることに寄与しようとした。つまり、人命の救済という人道支援活動を、より広い文脈の安全と平和に位置づけようとしたのであった。彼は、強烈に自己主張する国家間のゲームが中核をなす国際政治のなかに、人道支援という空間を創りだそうとした。結果、ナンセンがかかわった捕虜帰還や難民支援、飢饉支援などはどれも、それまでの国家間の外交や市民社会による慈善活動とは異なり、新たな政治空間での営みとなった。

国際連盟は結局、国家間の紛争を平和的に解決する制度を確立し、二度めの世界大戦を防ぐという目的を達成することはできなかった。E・H・カーの『危機の二十年』以来、国際連盟には「失敗」という印象がつきまとうようになった。しかし近年では、国際連盟は平和のための壮

第一次世界大戦の記録から

大な実験場であったとの再評価もある。新たな秩序の確立と安定を射程に入れ、国家と国際機関、市民社会組織を巻きこむナンセンの平和構想は、これまでになかった国際協力のあり方、新たな人道支援のかたちを創りだした。「人道支援専門の国際公務員」という職種を、かなり魅力的なものにつくり上げたともいえよう。

ただし、ナンセンの平和構想は、第一次世界大戦後の国際体制という特殊な歴史的文脈で登場したことが前提である。国民国家が成立し、ナショナリズムが高揚しはじめ、欧州の断片化が進むなか、各国や国際連盟はさまざまな注文をつけ制約を課しながらも、ナンセンと協働した。その背後に、ベルサイユ体制の維持という国際政治の大流があったことを忘れてはならない。換言すれば、ナンセンの平和構想とそれにもとづく人道支援活動には、国籍の原則によって排除された人びと(排除されかねない人びと)を、ベルサイユ体制の枠組みに収納するという、この時代特有の機能があった。

難民支援の位置

彼が「難民の父」と呼ばれるように、いまでは、難民支援はナンセンの人道支援活動の看板のように受けとめられている。けれども、国際難民制度などを熱心に研究する学生にさえ誤解があるのでは、と思うこともある。ナンセンが難民支援の最上段に鎮座し、そのカリスマ性によって、あたかも活動全体を統率していたかのような印象がもたれることだ。だが、捕虜帰還や飢饉支援の活動がそうであったように、難民支援もまた、彼を支えた周りの人びとや、関係組織との協力あるいは分業で活動が成り立っていたのが実像である。

また大局的には、当時の多くの関係者と同様、ナンセンも、難民の存在を一時的現象にすぎないと見ていた。それもあってか、他の人道支援活動と比較すると、アルメニアのケースなどの例外は除き、ナンセンは難民支援全般にはさほど熱心ではなかったとの見方もある。ナンセン・パスポートにしても、ナンセンが深く関与した流れのなかで開発されたものではあっても、彼自身の発案ではなかった。

ナンセンは、支援政策を決定する重要な会議への出席を拒み、愛好するスキーに出かけてしまうこともあった。そんな彼の態度はやがて周りから批判を招く。コンスタンティノープルでナンセンを補佐し、緊急救援活動の調整にあたった英国のサミュエル・ホアー議員は、ナンセンに手厳しい手紙を送っている。

「漂流するかのようななりゆきまかせの政策におつきあいする気はない」

やがてジュネーブでは、難民高等弁務官事務所からナンセンを追いだそうとする動きすら生まれた。しかし、事態を事前に察知したノエル＝ベーカーがこれを阻止。ことなきを得た。

このような逸話が残ってはいるが、ナンセンが難民支援を軽視していたとは思えない。むしろ、この問題の解決が欧州の復興、安全と平和の鍵と見ていたふしがある。支援が始まったころ、彼は、難民に恩赦が与えられるよう、ロシア＝ソ連政府に掛けあっている。つまり、自主的帰還の可能性をまず探っていたということだ。祖国から追われ、西側諸国に親和性を感じる難民ではある。だが、つまるところ、彼らとてロシア人だ。だからこそ、恩赦が与えられ帰還できた暁には、ロシア＝ソ連との橋渡し役となる資格があるはずだ。彼らの帰還をてこに、ロシア＝ソ連と西側諸国がたがいの不信感を払拭し、その距離を縮めることができるのではないか。これが、ナンセンが描いた当初のシナリオだった。

しかし、これは頓挫する。まず、自国の新体制の確立と安定を最重要視するロシア＝ソ連が、旧体制維持のために刃向かった難民を赦（ゆる）すはずがなかった。一方、難民も、ソ連政府の転覆をいまだあきらめてはいない。いつの日かロシア帝国が復活する日が訪れることを、国外に身をおいて願っていた。西側諸国にしても、共産主義体制に挑んでいるからこそ、難民を「同志」として受け入れ支援する用意があった。つまり、ロシア＝ソ連、難民、西側各国にとって、自主的帰還は選択肢とはなりえなかった。ロシア＝ソ連と西側の分断の修正や両者の共存というナンセンの理想は、どの当事者にも受け入れられなかったのである。

「慈善はレアルポリティーク（現実政治）である」

壮大な平和構想を描き、これまでにない人道支援活動に取り組むナンセンの背中には、いつも冷ややかな視線がじっとりと貼りついていた。新たな道を切り拓こうと粉骨砕身するナンセンを、政治家や外交官たちは嘲笑した。

「慈善のことしか頭にない、レアルポリティーク（現実政治）を知らない人間だ」

しかし、彼は躊躇なく応戦した。

「慈善はレアルポリティークである」

一般的に「慈善」とは、苦しみのなかにある人びとに憐れみをかけ、援助の手を差しのべることである。興味深いことに、ナンセンは、慈善とレアルポリティークを対立概念として語っていない。両者が別物との前提で、そのバランスを図るべきなどとも語っていない。また、慈善がうまくいく条件がレアルポリティークだと語っているわけでもない。慈善とレアルポリティークは同一。そう断じたのである。

そもそも、「レアルポリティーク」（*realpolitik*）とは何か。この単語の起源は、ドイツのルードヴィヒ・フォン・ロハウが1853年に著した『現実政治の諸原則』にある。いまでは、理想や道徳といったあるべき姿ではなく、目に見える国益などの現実的利害にもとづく、力による権力政治（パワーポリティクス）と同義でよく使われるが、しかし、歴史家であり英国外交研究を専門とするジョン・ビューによると、そのような使い方は、ロハウが使ったもともとの意味あいからずれているという。1848年から翌年にかけて欧州各地で渦巻いた革命、「諸国民の春」は、ウィーン体制の崩壊を招いた。一方、たとえばロハウの母国であるドイツのように、国民議会成立の試みが反革命勢力によって弾圧されるなど、革命が失敗に終わった国家もあった。

レアルポリティークとは、革命を果たせなかったリベラルに向けられたメッセージ全体を体現する単語だったという。強者の法は、それが不正義だというだけで覆せるわけではない。リベラルはまず、力と政治の本質を知るべきだ。そのうえで、より賢明で実現可能な方法を模索し、求める理想を達成すべきだ。理想をなしとげるために、現実の政治と力の作用を見きわめて戦略を策定する。これが、レアルポリティーク原来の意味である。

ナンセンはたびたび、現実を見ない理想主義者だと批判を受けた。しかし、彼の行動や決断の流儀をつぶさに観察すれば、むしろ実践主義者という呼び名のほうがふさわしい。そして、彼が人道支援活動を実現させようとした手段は、レアルポリティークそのものだった。彼は苦しみにある人びとの救済を追求しながら同時にこれを実現する方法を、各国の国益と大国中心という国際政治の大流の上を漂流しながら徐々に練り上げていった。捕虜や難民の課題を国益や世界平和とは切り離せない一部と定め、戦略的に行動していた。そのため、試みが大流に沿っているあいだはうまくことが運ぶが、潮の流れに真っ向から抗えば、目的地よりはるか遠くまで押し流された。

このようなレアルポリティークの感性の原点は、若き日のナンセンが大流にまかせて漂流したフラム号の経験に宿る。またそれは、国際社会に吹きすさぶ雪嵐のなか、独自の政治的展望をもちながらも、生存のためには現実的方法を模索せざるをえなかった北欧中立国外交官の経験を通じて育まれた姿勢でもある。

ノーベル平和賞

政治家や外交官らの態度は厳しかったが、ナンセンと彼の活動に対する業績が世界的に評価される日が来た。1922年12月10日、ノーベル委員会のフレドリック・スタン委員長は、ノーベル平和賞授与記念講演でこうきりだした。

「ここに喜んでお伝えします。今年のノーベル平和賞受賞者は、フリチョフ・ナンセン教授に決定しました」

捕虜の帰還、難民、ロシア＝ソ連の飢饉、ギリシャ・トルコ間の住民交換に関する活動への貢献を認めての授与決定だった。ちなみにナンセンは、歴史学者で列国議会同盟（1889年設立の国際機関で最古の政治的多国間交渉フォーラムのひとつ）事務局長だったクリスティアン・ランゲに続き、この栄誉にあずかったふたりめのノルウェー人となった。

スタン委員長はその講演で、国際協力への隣人愛の導入など、ナンセンの活動の特性を手ぎわよく紹介した。同時に、ロシア＝ソ連の飢饉支援においてナンセンが幾度も借款について説得したにもかかわらず、西側諸国政府の姿勢が終始、消極的なままだった事実も率直に述べている。この点、ノーベル委員会でも議論があったそうだ。だが結局、ナンセンの個性や彼個人に集まる尊敬の念、国際連盟への強い影響などが評価され、ナンセンの受賞は擁護されたという。

ナンセンはノーベル平和賞を受賞した数少ない者のひとりだが、またこれを短時間で獲得した人物のひとりでもある。ノーベル平和賞に結びついた活動の時間的短さも手伝い、受賞を一番信じられなかったのはナンセン自身だった。予想だにしなかったので、彼はおおいにとまどった。

「私にとって受賞は摩訶不思議で、理解の範疇を超えたことである。私は行きがかり上、人道支援に従事しなければならなかっただけなのに。本来は自分の仕事ではなかったのに」

しかし、こうなったことに思い当たるふしがないわけではない。ノエル＝ベーカーだ。ナンセンはすぐに筆をとり、手紙を書いた。

「私が国際連盟で行なったすべてのこと、国際連盟のために行なったすべてのことは、君が行なったことだ。君なしでは、少なくともこんなかたちで達成はできなかっただろう」

「私の仕事がノーベル平和賞に値するというが、君のほうがはるかにそれにふさわしい」

ナンセンの評価どおり、ノエル＝ベーカーも１９５９年にこれを受賞した。

ナンセンは、ノーベル平和賞で得た賞金のほか、デンマークの出版社クリスチャン・エリクセンからの寄付（平和賞賞金とほぼ同額）の全額を人道支援活動に費やした。ロシア＝ソ連は飢饉の終息を宣言していたので、ノエル＝ベーカーは、賞金がトルコ国内のギリシャ系住民に使われるべきだと提言した。だが、ナンセンはモスクワを訪ねたあと、その大半をロシア＝ソ連への支援に使うことを決意する。飢饉を防ぐため、ウクライナとヴォルガに農業試験場が建設され、ロシア

Løssalg 15 øre.

Morgenbladet.

Nr. 384. 104. aargang | Mandag 11te december 1922. | 104. aargang. Nr. 384

Fredsprisen tildelt Fridtjof Nansen.

Han vil bruke den til det internationale hjælpearbeide.

„Den næste krig blir Europas undergang".

V. Elster-Jordan

Eftertryk av »Morgenbladets« telegrammer er strengt forbudt

London konferencen drøfter erstatningen og den interallierte gjæld.

Fra Lausanne meldes om gode fremskridt.

Poincaré polemiserer mot Lloyd George.

Han hævder, at Frankrige ikke vil annektere den venstre Rhinbred.

„En psykologisk feiltagelse".

London-konferencens aapning.

Poincaré villig til at gi moratorium og reducere erstatningen?

Han paa Englands bekostning.

En utvidelse av Rapallo-traktaten?

Det tyske svar til de allierte

betaling, men ingen undskyldning.

ノーベル平和賞受賞を伝えるノルウェーの新聞。Morgenbladet紙、1922年12月11日
［Photocopy: Jan Dalsgaard Sørensen, Fridtjof Nansen Institute］

＝ソ連では初となる農業用トラクターがそこに持ちこまれた。

ナンセン平和観の両義性——解放か、排除か

ノーベル平和賞受賞の栄誉にあずかったナンセンの活動とその根っこにある平和観は、しかし、ときには歪(ゆが)みや矛盾をはらむものだった。その一部はトルコ・ギリシャ間の住民交換で露見したが〔第9章参照〕、彼の経歴で無視できないもうひとつの出来事は、ノルウェーの右翼政治団体同盟「祖国」(*Fedrelandslaget*)への参加である。

1920年代の西欧では、拡張する共産主義支持に反発する政治運動が目立つようになった。ノルウェーも同じ状況にあった。当時、同国でもマルクス主義の影響を受けた労働運動の台頭が目覚ましかった。警戒した中道右派は、そのすべての力を結集してこれに対抗すべく、1925年に「祖国」を組織した。その目的は反共の統一政府樹立であったが、やがてその性質は、イタリアの国家ファシスト党に似寄っていった。「祖国」の機関紙も、ベニート・ムッソリーニをたびたび賞賛するなどしていた。

1925年1月、ノルウェー初代首相のクリスチャン・ミケルセンや元首相のジェンス・ブラットリーとともに、ナンセンはこの「祖国」の創設に協力し、組織の初期の中心となった。翌年には複数の有力者が、ナンセンを首相として国家統一政府を求める提案を提出した。しかし、自

由党の大部分はこの提案を拒否。保守党ですらこれには懐疑的で、支持を集めることなく失敗に終わった。

理解に苦しむのは、『ロシアと平和』でロシア＝ソ連政府を擁護し、ロシア崇拝者とのレッテルすら貼られたナンセンが、その出版からわずか約3年後に反共運動を旗印とする政治組織になぜ参加したのか、である。この点についてナンセンは、市民的・政治的自由がない国家の形成段階では革命と共産主義は有益だが、ノルウェーにおいてはむしろ阻害要因になる、と信じていた。事実、ナンセンが主張してきたのは共産主義の拡大ではなく、それとの共存だった。むしろ、個人主義に牙をむくような国家的圧力は遠ざけるべきだ、というのが彼の考えだった。

だが、もうひとつ矛盾に思えるのは、ナンセンが母国で、急進的ナショナリズムの性格をもつ団体連盟に与したことである。彼は、国際主義のもと、新たな人道支援を開拓し、それによって人びとを恐怖と欠乏から解放しようとしていた人物である。もっとも、以前から、過度の国際主義には警戒感を示していたのも事実だ。彼にとっての国際主義の世界観は、それぞれの民族の独自性や個性、文化の美徳を基盤としていた。それを無視して世界が単一化されていくことには異を唱えた。しかしながら、さすがにファシズムへの接近には納得いかず、その点については「祖国」とは距離をとった。というよりむしろ、剝きだしの力によってみずからの主張を押しつけるような勢力には抵抗することを求めた。つまり、ナンセン自身が、排除主義を招く極端なナショナリズムになびくことはなかった。

しかし、ナンセンとは違い、彼が大きな信頼を寄せ、人びとの苦境からの解放にともに従事してきた人道支援活動の同志、ヴィドクン・クヴィスリングは、ファシズムと排除主義的ナショナリズムに舵を振りきった人物である。ロシア語に長けた彼は、クヴィスリングはノルウェー軍出身者で、政府要人がナンセンに紹介した人物である。ロシア語に長けた彼は、飢饉支援やアルメニア系難民支援で大きな働きをしている。その人柄は、知的で物静かだったという。

クヴィスリングも「祖国」の構成員となったが、彼の思想は極端で、人種主義の政策すらいとわなかった。そしてナンセンの死から約10年後、クヴィスリングは、ドイツのノルウェー占領に協力して傀儡（かいらい）政権の首相となった。しかし、第二次世界大戦後には逮捕され、処刑される。欧州

ヴィドクン・クヴィスリング［1887-1945］
［Henriksen & Steen, NLN］

では、「クヴィスリング」が「売国奴」や「裏切り者」の代名詞として使われることもある。

人道支援活動の中枢にいたナンセンが急進的ナショナリズムを打ちだす政治団体連盟に身を投じ、彼の仲間が多くの人びとの命を奪ったナチス・ドイツの支持者となったのは、たんに歴史の偶然なのだろうか。いや、そうではなく、むしろ、歴史の必然と見るべきではなかろうか。

18世紀のナショナリズムは、絶対専制君主や国王に対抗する概念として、人びとを結束させ解放する役割を果たした。しかし、やがて愛国心や民族的優勢の意識が高まると、ナショナリズムは戦争遂行で役割を果たすようになる。行き着くところは、1930年代と1940年代前半の狂信的ナショナリズムだった。アドルフ・ヒトラーと第三帝国による排除の実践がその最たる例だが、本書でそれをくり返すまでもなかろう。

ナンセンが人道支援活動に深く関与した1920年代は、ナショナリズムの役割が、解放から排除へと移行する時期だった。彼の平和観に矛盾や一種の危うさがつきまとうのは、それが、解放と排除という両義性を備えた時代と並走していたからなのだと思う。

ナンセン平和観の普遍性——冒険の精神

15世紀はじめに設立されたスコットランド最古の大学、それがセント・アンドリューズ大学である。オックスフォード大学、ケンブリッジ大学に次いで、世界でも三番めに古い大学だ。ジェームス・グレゴリー（反射式望遠鏡の発明者）やエドワード・ジェンナー（天然痘ワクチンの開発者）など、歴史上さまざまな分野で活躍した人物を輩出し、ジョン・スチュアート・ミル（政治哲学者）が名誉学長となったこともある。国際連盟と人道支援の活動に従事するかたわら、ナンセンは1925年10月31日、この大学の学長に任命され、それから約3年間、この職位にもあった。

1926年11月、65歳になったナンセンは、セント・アンドリューズ大学の学生たちに向け、「冒険の精神」という講演を行なっている。このなかで彼は、大学生がこれからの世界のために何をすべきかについて語っている。彼の平和観は両義性をたたえていたが、この講演には、多くの時代の多くの若者の胸に届く普遍性がある。

まずナンセンは、ロシア＝ソ連での飢饉によって多数が犠牲になり苦しんでいたにもかかわらず、大半の国々が手を差しのべようとはしなかったことを伝え、平和の土台の一角を築けなかったことを嘆く。

もっと多くの国々が支援することで、もっと多くの命が救われるべきだった。ただそれは、憐憫の情によって一方的に与えるという意味ではない。必要なのは、「連帯の情」だ。相手が生きることを許さないなら、そこはもう社会として成り立たない。社会が成り立たないということは、自分もまた生きる足場をいつか失うことを意味する。だが、たがいの持つところと持たないところを知り、たがいに補いあうことができれば、世界はきっと、よりよくなるはずだ。

「真の文化の価値は、連帯の情の程度で測られる」

しかし現実には、人類は武器を手にとり、たがいの命を奪いあう。苦しむ人びとを助けようともしない。他者の苦しみがやがて世界平和に対する脅威となることを、どうして理解しないのか？　生存という共通の利害に、どうして気づかないのか？　世界はまるで、恐怖と欠乏、エゴと打算という臭気に満たされているかのようだ。平和は遠い。では、いったい何をすべきか？

ナンセンは若き大学生たちに、人類の未来のため、よりよき世界のため、彼らがなすべきことを熱く語った。

「自国の民、そして人類の未来の発展の可能性が、君たちにかかっていることを確信する。新たな道を果敢に歩みだす若い君たちにだ。世界の大切な出来事が、冒険の精神によって決まるのは

セント・アンドリューズ大学

確かだ」

「踏み固められた古い道を歩んでいては、われわれはゴールにたどり着けない。いまこそ、新たな陸地を発見するのだ。われわれには君たちが必要だ。単純だが不可欠の本質を見ぬく新鮮な目を持ち、新たな道を求め、リスクを取ってでも未知に敢然と立ち向かう用意のある若き友よ、君たちが必要なのだ」

さらに自身の若き日の極北探検などについてひとしきり話したナンセンは、体験を共有した理由を学生たちに明かした。

「私だけではないのだよ。われわれはみな、冒険家なのだ。人類が現在の困難を本気で克服するつもりなら、そして危険な海を渡るための正しいコースを見つけるつもりなら、われわれがいま求めるのは、ほんものの冒険の精神を宿した者だ。君たちはそれぞれに、己の冒険を見つけることになる。なぜなら、人生そのものが冒険なのだから」

そしてナンセンは大学生に、人生のちょっとしたレシピを公開した。それは、彼が学者であり、平和思想家としての横顔をもつ人物であることを知る者にとっては、「らしい」と思えるレシピだ。

「人生で第一に大切なこと、それは自己の発見である。そのためには、少なくともときどきは、孤独と沈思が必要である。解放は、あわただしく騒々しい文化生活の中心からは生まれない。孤独の場から生まれるものだ」

ロシア＝ソ連での飢饉支援やアルメニア難民支援がそうであったように、ナンセン船はつねに順風満帆だったわけではない。大流にもまれて遠くまで押し戻されたこともあれば、難破寸前まで追いやられたこともある。「理想地図」に記した目的地、それは平和だったが、ナンセン船はまだそこに到達してはいない。65歳になって、人生航路の終焉がそう遠くないことを悟った彼は、世界の未来を担う若い人びとに平和への思いを託したのだと思う。

２０２２年の世界の海原は大荒れだった。感染症の猛威はいくぶん落ち着きをみせたようでも、パンデミックはまだ続いた。プーチン大統領によるウクライナ侵攻時には、世界規模の戦争の気配すら感じた。何かがおかしい、多くがそう感じている。そんないまの世界を生きる若者の胸に、１００年前のナンセンの声は届くだろうか。

「もし、世界がうまくいっていないなら、それを正すのは君たちだ。君たちが、それぞれの能力のかぎりを使い、より住みやすい場所にするのだ。改善すべき余地が世界にはまだまだある」

目前で荒れ狂う大波にたじろぐときもある。挑戦をやめ、撤退したくなる日もある。だが、それができないのが現実なら、君たちが闇の中で輝き、これに打ち勝つ光となるしかないのだ。

「前を見ろ、ふり返るひまなどない。進め、前へ！」

第11章 永遠への出航

ナンセン邸・ポルホグダ

「ポルホグダ」(Polhøgda)は、オスロ近郊にあるナンセンの邸宅の通称である。もともとは「ポルホイデン」(北極での標高)と呼ばれていたが、のちにナンセンがポルホグダと改名した。約30年間、ナンセンが家族とともに過ごした特別な場所である。

1889年の結婚式のあとすぐ、ナンセンとエヴァはふたりの住処を探しはじめた。のちにポルホグダを建てるフォルネブの地を選んだのは、自然のなりゆきでもあった。ナンセンにとってそこは、思い出深い場所だったからだ。母のアデライデの親戚が周辺に住んでいて、ナンセンも幼いころによく連れてこられたものだ。農場所有者から土地の一部を買い、最初に建てた家は、ヴァイキングに着想を得た木造建築だった。１８９０年３月に完成し、「ゴッタープ」と名づけられた。

ゴッタープは木造のため、すきま風もあったが、よい家だった。しかし家族が増え、また極北探検以降にナンセンの仕事が増えると手狭になった。そこで、新たな家の建設に着手する。英国のマンチェスター近郊にある友人宅にインスパイアされた建造物だ。開放的で、社交性と風格を備えた邸宅が１９０１年に完成した。２階建てで、大きな中央ホールとギャラリー、暖炉がある。家のレイアウトはヴァイキング様式から脱し、シンプルかつラフだ。ノルウェーの簡素化された堅固さを保ち、当時の過剰な装飾主義から解放された家となった。当初、邸宅がぜいたくすぎるほど広いと、エヴァは思った。しかし、子どもが５人に増え、メイド３人と御者ひとりを抱えると、もうそうは感じなくなった。

１階の南にはナンセンの仕事部屋、庭に面した北には秘書室があって、ビジネス志向の設計になっている。ナンセンが仕事をしているあいだ、だれもじゃましないのが一家のルールだった。塔をつたって登る屋根裏部屋からはフィヨルドを一望でき、ナンセンお気に入りの場所だった。そこに座り、古きよき少年時代、山や湖で過ごした日々のことでも思い出していたのだろうか。

ポルホグダは、若く社会的に活発な一家の象徴だった。エヴァは親戚や親しい友人、芸術家たちを招いてよくパーティーを開いたが、歌手である彼女の室内コンサートはことのほか評判がよかった。

私人としてのナンセン

　ポルホグダにあるナンセンの仕事部屋は、彼以外の者の目からすると、カオスそのものだった。本がそこかしこに積まれ、資料があちこちに散乱していた。だが、そこにはナンセンなりの秩序があって、必要な物の位置を彼は正確に把握していた。緊急の仕事が入ると、お気に入りの屋根裏部屋にこもった。そんなときは、だれも彼をけっして邪魔してはならない。家の者ならだれでもそのことを知っていた。電話すら受け付けなかった。ただし、この世にひとりだけ例外が許されていた。小さな孫娘である。

「私ね、ソリを持ってきたの、おじいちゃん！」

という声が聞こえるとナンセンは、なにはさておき、彼女と遊ぶためだけにあわてて下まで降りてきたものだ。彼は、この小さな娘が何か望めば、それを断ることはなかった。

　ナンセンから助言を得ようと、ポルホグダには多くの来客があった。時間が許すかぎり彼らの話を聞き、ときには夕食でもてなし、暖炉の前で珈琲（コーヒー）をともにした。その態度はていねいかつ紳士的で、客人ががっかりすることはなかったという。

　仕事が忙しくなるにつれ、彼の日常のルーティンはますますシンプルになっていった。オートミールのポリッジ（粥）、トースト、ホエー（乳清）をそれぞれ少しずつ、そして一杯のサワーミル

春のポルホグダ[Fridtjof Nansen Institute]

ナンセンの書斎。当時のまま保存されている[著者撮影]

クが朝食だった。夕食は夜8時、通常はトースト1枚と薄めの紅茶を1杯。ときにはワインとタバコを嗜むこともあった。

新聞を読むだけでなく、毎日届く膨大な数の手紙に目を通すのが食事中の日課だった。いわゆる「世界レベルの大物」から届くことも珍しくなかったが、ナンセンをとりわけ喜ばせたのは、バイエルンの養護施設で暮らす子どもたちからの手紙だった。戦争によって親を失い、あるいは親が知れない子どもたちがいるその施設に、ナンセンは食料や衣服などを届けていた。だが、その手紙に書かれていたのは、寄付に対する礼の言葉ではなかった。かわりに、ナンセンの極北での冒険談でどれほどワクワクしたかを、そしていつか自分も冒険家になりたいという夢を、クレヨンで描き、伝えていた。ナンセンは目を細めた。

「私だけではないのだよ。われわれはみな、冒険家なのだ」

つねに順風満帆とはいかないのが人生だ。ときには耐えがたいほどの苦みを口いっぱいに含み、それを飲みこむことすら許されず、ただひたすらもがき、忍ぶしかない場面だってある。それはだれでもそうで、ナンセンとて例外ではなかった。

1907年12月にエヴァが亡くなると、ナンセン家のすべてが変わった。子どもたちはたいてい友人たちの世話になり、父と子の関係は希薄となっていった。ナンセンは悲しみを埋めるかのように研究に没頭しはじめた。それとともにポルホグダも、家族団欒と社交の場から、「研究基地」へと変貌していった。もうひとつ、家族とのつらい別れがあった。11歳の末の男の子との死

妻エヴァの死後、ポルホグダで子どもたちと。1908年［Ingeborg Motzfeldt Løchen撮影］

孫娘のエヴァ・ハイヤーと、
ポルホクタの庭で。1925年
［リブ・ナンセン・ハイヤー撮影］
［上下ともにNLN］

別である。もっとも悲しい時期をどうにか乗りきったナンセンだったが、その後は人道支援活動にさらにのめりこんでゆく。気分転換に絵を描き、スキーに出ることはあった。しかし、まとまった休息をとることはほとんどない。ある仕事に疲れたとき、別の仕事をすることが彼にとっての休息だった。

ふたりめの妻、シグルン・ムンテとの１９１９年の結婚は、家族や友人たちからあまり歓迎さ

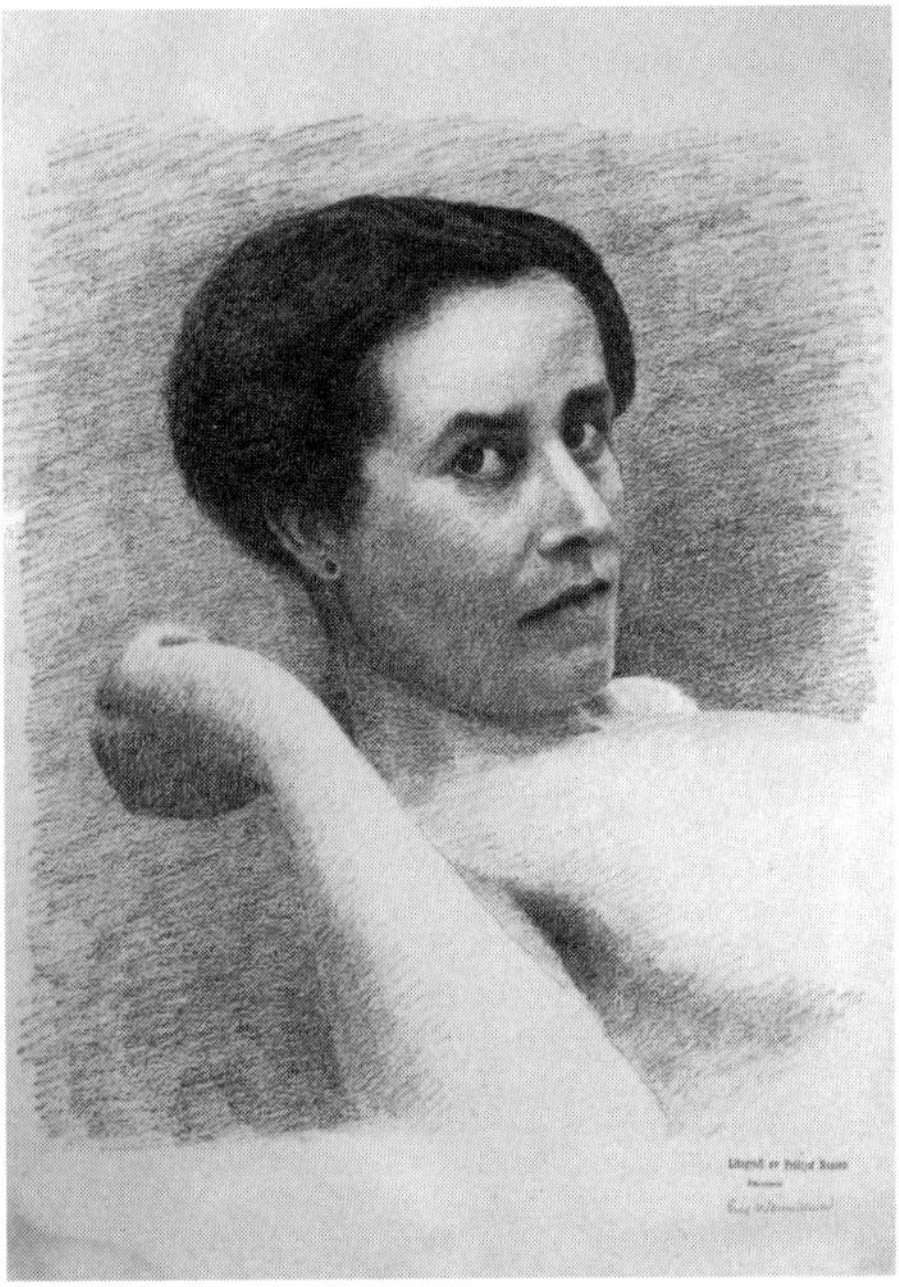

シグルン・ムンテの肖像
ナンセンのデッサンによるリトグラフ
[Photocopy: Jan Dalsgaard Sørensen, Fridtjof Nansen Institute]

れなかった。ちょうどナンセンが国際連盟で活動しはじめた時期で、またそれ以降は大規模な人道支援活動に忙殺される。ポルホグダで過ごす短い合間でさえ、彼は仕事を片付けなければならなかった。夫婦関係は冷えきり、ふたりを訪ねた友人は、ナンセンがみじめだったと表現している。

「リベラルアーツ人」ナンセン

八面六臂（はちめんろっぴ）の活躍を見せたナンセンを、ひとことで言い表すことなどできるのだろうか？「世界的極北冒険家」「ノルウェーを救った外交官」「人道主義の巨人」「難民の父」、はたまた「レジエンド」「カリスマ」……。どれも間違ってはいないのだろうが、どれも彼のある一面だけに光を当てた呼び方だ。そもそも、ナンセンであろうとなかろうと、ある人物のことをひと言で表現することなどできるのだろうか。ひとりの人間にラベルを1枚貼るような行為には、なにやら、「上から目線」の傲慢（ごうまん）さを感じてしまう。

私は、そんな限界と不遜（ふそん）を自覚している。しかし、ここまでナンセンの人生航路を語った者として、彼をあるカテゴリーでくくることを、特別にご容赦いただけないだろうか。そうしていただけるなら、こう言わせてほしい。フリチョフ・ナンセンは、「リベラルアーツ人」だと。

リベラルアーツ。それは時代の価値を反映するもので、どの時代にも通用するような定義の決定版などない。まず、その起源は古代ギリシャにおける自由市民の知識・技能の修得にあり、これはやがて古代ローマに受け継がれた。文法・論理・修辞の言語系三学と、算術・幾何・天文・音楽の数学系四学からなる自由七科（セブン・リベラルアーツ）から構成されていた。当時、リベラルアーツは、人を自由へと解放するための学問的技法のことを意味していた。中世になると、貴族など裕福な階層の素養というニュアンスを含むようになる。

その後、大学が登場すると、自由七科は、当時の専門科目であった法学や神学、医学といった科目の基礎となった。近代以降は、農学や工学など、職業に合わせた専門教育に入るまえの準備教育という位置づけを与えられるようになる。現在、米国のいわゆるリベラルアーツ・カレッジでは、幅広い教養と論理的・批判的思考力に重点がおかれている。またリベラルアーツへの注目度が高まるにつれ、日本でもこれを導入する大学が増えている。

受験勉強のみならず、社会で実施されるさまざまな試験では、出題者はまえもって「正解」を用意しておき、回答者がそのとおりに答えた場合、マルや得点を与えて評価する。当然、受験生はできるだけ、出題者が事前に用意した正解を選ぶよう、あるいはその意向に沿って答えようとする。しかしこれでは、私たちの思考をひとつの檻（おり）の中に閉じこめてしまうようなものだ。檻の中で身動きすらできず、「知の翼」を拡げて飛びまわることのできない姿は、まるでカゴの中で飼いならされ、管理されるペットである。人生の難問を前にしたとき、カゴの中で飼いならされたペットは立ち向かえるのだろうか。

リベラルアーツには、広く学際的な教養を身につける技法という以上の意味がある。それは、生き方の流儀と言ってもいい。その流儀は、思考の檻から人を解き放ち、「知の翼」で自由に羽ばたくことを許す。解放された者たちはその翼を拡げ、だれも見たことのない真理を求めて旅に出る。ただし彼らは、その目的地にたどり着けないかもしれない。着いた先が本当に目的地かすらわからないかもしれない。それでも、けっしてあきらめてはならない。真理を求める挑戦の旅路は続く。それは永遠の旅なのかもしれない。

「知の翼」を持つ人びとは、旅路の途中でさまざまな垣根を越えていく。いや、「垣根を越える」という意識すらなく、ただ空間を縦横無尽に飛ぶ。学術分野の境界を無意識に行き来することで、さまざまな知識が結びつく。「知の翼」を持つ人びとが越えるのは学術分野の境界だけではない。学問と実践の壁すら越えてゆく。学術的経験を携えた者は実践でそれを活かし、実践で何かを発見した者はそれを学問に持ち帰る。やがて学問と実践の統合・融合がくり返され、だれも思いもつかなかった、新たな世界を見つける。そんな生き方の流儀を選ぶ人間を、ここでは「リベラルアーツ人」と呼んでおこう。そしてナンセンこそ、そのひとりである。

生き方の流儀──「知の翼」を拡げて

ナンセンの学術上の成果に限ってみても、動物学や地質学、解剖学、神経科学、海洋学、地域研究、政治経済学、極北探検史といった多数の分野を網羅し横断する〔第4章参照〕。目の前にある対象の仕組みを解き明かそうとする彼のあくなき探究心の前では、文系／理系あるいは学術分野という区分は、さほど意味をもたなかったのだろう。それだけでも「リベラルアーツ的」である。しかし、「リベラルアーツ人」ナンセンの本領は、科学で新たな道を切り拓きながら、探検や外交、人道支援という現実世界に踏みこんでいったことにある。

ナンセンがかかわった活動で共通していたこと。それは、まえもって準備された解答などないことだった。だから彼は、あらかじめだれかが用意した正解を探すのではなく、それまでだれもやらなかった方法で独自の答えを見つけようとした。「知の翼」を思いきり拡げながら。結果的に、彼が残した業績は、独創性と先駆性に富む内容となった。

極北探検と人道支援におけるナンセンの活動は本質的に異なるように見えるが、両者をつなぐ共通の素因がある。それは、学問的探究とそれに必要な姿勢である。彼の極北探検は一般に冒険として語られることが多いし、そのとおりではあるが、彼を突き動かしていたのは、極北を「科学したい」という純粋な探求心だった。

ナンセンの学術的貢献は一般に軽視されがちで、学者としての顔はあまり知られていない。だが、間違いないことがひとつだけある。彼は、学究生活を通じ、知らず知らずのうちにあることを身につけていった。問題発見のために頭脳を磨くことだけではない。問題が完全に、あるいは少なくとも部分的に解決されるまで、けっして気をゆるめず、あきらめないで問いつづける姿勢だった。関心を保ちつづけ、技量を高めつづけ、問いにしがみつきつづけるしつこさだった。この姿勢はベルゲン時代から彼に染みつき、やがて彼の本質の一部となった。人道支援活動におけるナンセンの、ある種、あきらめの悪いしつこさのようなものは、彼が科学の探究を通じて培ってきた素養で、「知の翼」から獲得した性質だった。

もうひとつ興味深いのは、彼が実践で見せた、何かを創造するときの作法である。彼はそれまでの常識にはなかったことを新たに創っていった。ただしそれは、当時の常識を一方的に攻撃・破壊して、新規に別物を生みだすようなものではなかった。彼が採ったのは、常識のなかにすでにある諸原理を掘り起こし、統合して新たな部分を再構築していく手法だった。そのため彼は、いまある常識を深く理解しようと努めたし、それに敬意を払い、謙虚ですらあった。その意味で、彼は当時の常識と対話していたのだと思う。先行して生まれたものと対話を紡ぎ、それを理解し、そのなかに諸原理を発見することで、解体するのみならず再構築していく。こうした姿勢は、学術のオーソドックスなそれでもある。

1920年代にナンセンが担った責任と業務は、常人の域を超えていただろう。しかし、彼はけっして、それをなんなく片付ける超人ではなかった。裏切り、けちくささ、冷淡さ、無関心という押し寄せる大波に幾度も打ち砕かれる彼の様子は、むしろ不器用な人間の姿だった。徐々にやつれていく彼は、周りからはみじめにすら映った。だが、最後の最後まで、彼はあきらめようとはしなかった。肉体の使用期限が尽きるそのときまで、彼はしがみつきつづけた。文字どおり、彼は死ぬまで挑戦しつづけた。最後の瞬間まであきらめることなく、「知の翼」を羽ばたかせつづけた。

ナンセンは、「リベラルアーツ人」として生きることで、「知の翼」を拡げることで、みずからを解放したかったのだと思う。外交や人道支援活動での働きを嘱望されたとき、彼はあれほど愛着をもっていた研究を振りほどくようにして外からの求めに応じた。好きな研究だけを続けていれば、もっと楽な人生だったのかもしれないのに。より厳しい生き方を選んだナンセンを、人は、「自分を犠牲にして他者のために働いた」「強い義務感で仕事を引き受けた」などと表現する。だが、本当にそうだろうか？　いつでも自分の尊厳と気持ちに忠実だったナンセンが、みずからの裸の心を偽るような決定をしてきたとは思えないのだ。

ウッドロウ・ウィルソン大統領やハーバート・フーヴァーらとの出会いがきっかけで、ナンセンの心境に顕著な変化が訪れた。そのころから彼は、授けられた能力を、みずからの関心や欲求を満たすだけの道具として使うことはなくなった。研究などに熱中する以上にナンセンが命の実感を得られたこと。それは、自分自身を極限まで用い、他者の命のために尽くすことだった。闇の中で輝く光となり、闇に打ち勝つことだった。

ナンセンは、自分の能力を世界の中に俯瞰（ふかん）して位置づけることで、当面の個人的関心に優先する究極の価値を見つけたにちがいない。「リベラルアーツ人」としての目標を、新たな国際社会の構築による平和と、他者の救済に設定したのだった。そしてナンセンは、世界を平和にすることで自分も平和の地に到達しようとしたのだと思う。他者の救いになることで、自分自身を救ったのだと思う。他者の自由のために生きることで、彼ははじめて自由に生きることができたのだと思う。それが、「リベラルアーツ人」ナンセンの、「知の翼」の使い方だった。

最後の出航

ナンセンの最後の挑戦は、意外にも原点回帰だった。1925年、彼は新たな極北探検を計画した。だが、今回は海とフラム号は使わない。巨大飛行船で北極に向かうというものだ。もっとも、主たる目的は若い当時と変わらない。冒険というより、あくまで科学調査なのだ。上空から北極を見れば、その全体的形状がわかるはず。しかしナンセンは、当時すでに実用化が進んでいた航空機には関心を示さなかった。氷上に着陸できないからだ。飛行船であれば、上空からソリや犬、カヤック、そしてナンセンをはじめとする探検隊を降ろすことが可能だ。そこからキャンプを張り、北極を調査できる。彼は未知のことを解き明かしたかった。そのための新たな装備や器具の開発に余念がなく、飛行船の手配や資金調達まで進めていた。

しかし、地上での肉体の使用期限は刻一刻と迫っていた。1930年3月、ナンセンは、久しぶりに再会したふたりの仲間(ひとりは外交官、もうひとりは大学教授)とともに、ベルゲンとオスロのあいだにある山でスキーをする。だが、途中からナンセンに異変があらわれた。ふたりから大きく遅れたナンセンを探しに戻ると、木に寄りかかり座りこむ彼がいた。それから、様子を見守りながらペースを落としてスキーは続いた。とりあえず無事目的地に到着でき、その夜、ナンセンは、雪上での木製滑走の特性について軍事関係の学会で講義を行なった。これが、公での最後の講義となった。

じつはその2年前、ナンセンは心臓発作に襲われ、その後も体調はふるわなかった。今回のスキーのあと、さらなる不調を訴えふたたび検査を受けると、敗血症と肺の血栓が確認された。心臓も確実に弱っていた。医者からはベッドでの静養を命じられ、米国にいた妻のムンテと息子、そして長く親交を育んできたホーコン国王が病室に呼び寄せられた。それでもナンセンは医者の指示に従わず、手紙を書き、また出版の計画を進めるなど、仕事の手を止めようとはしなかった。さほど調子が悪くなければ、少しばかりの散歩も楽しんだ。

１９３０年5月13日はオスロらしい、穏やかで清々しい春の日だった。ポルホグダの南テラスにあるバルコニーの椅子から、ナンセンはまどろみながら下方を眺めていた。そこにあったのは、果樹の上を軽やかに舞う蝶（ちょう）のような花々だ。薄緑の白樺（しらかば）と黒みがかった針葉樹が織りなすまだらの色彩は、日光の波が寄せるたび揺れている。果実の微かに甘い香りが鼻腔（びくう）をくすぐる。小鳥は木から木へと軽々と身を移し、やがてバルコニーの手すりにやってきた。ナンセンとおしゃべりでもしたげに。それはいつもの、ナンセンが愛した風景だった。

息子の嫁・カリが朝の紅茶を運んできた。それを飲み干すと、彼女に笑顔で話しかけた。

「あのライムの木、まだ緑じゃないんだよ。だがね、あれももうすぐ変わるさ。私の見るところ、あと2回の春が過ぎれば……」

ナンセンは言葉を継ごうとしたようだったが、沈黙だけを残して首をうなだれた。カリはあわてナンセンのもとに駆け寄った。

春の優しい陽だまりとその温もりに抱かれるように息を引きとっていた。死因は心臓発作。68歳だった。

ナンセンの葬儀は国葬として営まれ、ノルウェーでは前例のないものとなった。憲法記念日で祝日の5月17日、ナンセンの棺は、伝統的な子どもパレードが行なわれるカール・ヨハン通りに面した、フレデリク王立大学正門の太い柱のあいだにおかれた。その日の午後、公式の追悼式が大学の広場でとり行なわれた。二度の極北探検の仲間だったオットー・スヴェルドラップ、ナンセンの人道支援活動を語るうえで欠かせないフィリップ・ノエル＝ベーカーらが棺を担いだ。

ノルウェーは泣いていた。欧州も泣いた。数えきれないほどの葬儀参列者が、大学の広場とその周辺を埋めつくした。弔意を表し半旗を掲げ、午後1時に大砲が鳴り響くと、人びとは2分間の黙祷を捧げた。交通は止まり、道行く人びとは立ち止まって帽子をとった。

ポルホグダでの埋葬式では挨拶（あいさつ）もスピーチもなく、オーケストラが奏でるシューベルトの「死と乙女」だけが厳かに響いていた。

「良き白樺の木の下に」

オスロでの葬儀のようす。1930年5月17日[Henriksen & Steen, NLN]

ポルホグダの庭にある
ナンセンの墓[著者撮影]

その遺言にしたがい、遺灰は埋葬された。のちに遺族とノルウェー科学アカデミーによって建てられた墓石はとてもシンプルだ。いまもポルホグダの敷地内にひっそりとたたずんでいる。

よく聞く。「ナンセンは弱って死んでいった」のだと。だが、それは正しくない。彼の心は弱ることなく、永遠の旅に出たのだ。今回も、だれも出航を引き止められなかった。彼はいまようやく、ずっと願っていた学究の日々を、はるか遠いどこかで送っているのかもしれない。「知の翼」をどこまでも拡げて。

翼を切りとることなかれ

第二次世界大戦後、ノルウェー地理学会がナンセンの資産であるポルホグダを管理した。独立した新たな財団としてフリチョフ・ナンセン財団が１９５８年に設立され、資産管理だけではなく、ポルホグダを調査研究機関として運用するようになった。のちに世界で平和学を牽引（けんいん）するヨハン・ガルトゥングとオスロ国際平和研究所の一行は、１９５９年夏から2年間、ポルホグダに滞在し、そこを拠点に紛争解決などの研究を開始した。

　フリチョフ・ナンセン財団から進展した現在の姿が、フリチョフ・ナンセン研究所、つまり、本書冒頭に登場した場所だ。約35人のスタッフが、国際政治や国際法を含む多角的視点から、問題解決型のアプローチで、おもにグローバル環境ガバナンスや気候変動、生物多様性といった課題の調査研究に取り組んでいる。

この研究所の内部には、部屋の壁ぜんぶを使った色鮮やかな壁画や、巨大で優美な絵画が飾られている。しかし、そのなかで私の目を引いたのは、船乗りを描いた小さなスケッチだった。引かれた線は愚直なまでにシンプルで強く、構図は明快だ。そこに、よけいな装飾を省いた力がたたえる独特の美が憩う。

ナンセンという人物の思考は、多くの点でシンプルかつ力強いといわれる。彼を特徴づける性質として、この表現は正しい。その性質は、大量の仔細（しさい）な情報から本質的でないものや付随的なものを削ぎ落とし、すでに存在しているもののバラバラに散らばった諸原理を発見し、それらをまとめることで物事を新たに組み立てる能力と結びついている。

ナンセンのそんな性質を表すような、彼自身の言葉を最後に引用し、私はここで筆をおくことにしよう。１９２６年、セント・アンドリューズ大学の学生たちに送ったメッセージ［第10章参照］の締めくくりの箇所である。

……多くの人びとは、自分自身が何を人生の目的としているのかを考える時間さえないのではないか？　君たちの目的は何かね？　君たちはみな、その答えが用意できていると確信しているのかね？　君たちは幸せを求めているのか？　まあ、多くの人はそうだろう。だがね、友よ、信じてほしい、幸せを探す必要などないのだ。重要なことは、最善を尽くすこと、そして「必需品」に依存しないことだ。なんたることか、「必需品」の多くは、まったくもって不要なものなのだ……。
貧しいのかね？　君はなんて幸運なのか。自分の持ち物を気にすることに時間をさく必要がないのだから。財産にはトラブルがつきものだ。この地上で、君が真に貧しくなることなどない。われらが偉大な詩人、ヴェルゲランのかつての言葉を紹介しよう。

天国がないのは、それが漂う雲の集まりだからか、太陽の仙境だからか？……
星空の下で、人生に明るい場所がないことを愚痴っちゃいけない！
ほら！　星たちが輝いているではないか、まるで君に話しかけているかのように！
今宵の金星は、なんと美しく煌めいていることか！　天界もまた春なのだろうか！……
人類にとってなんと豊かなことか！

親愛なる若い友よ、長い、そして悲しい体験にもとづくひとつの戒めを与えよう。今日では生活必需品と思われているささいな物事にとらわれて、うまく飛べなくなるようなことがないように。気をつけなさい。荷物の列を長くするために、翼を切りとることなかれ。

飛行船による北極探検の構想図。ナンセン作、1928年[NLN]

あとがき

本書は、フリチョフ・ナンセンがノーベル平和賞を受賞してからちょうど100年後の年(2022年)に世に出た。

「なぜ、ナンセンのことを一冊の本にまとめようと思ったのか?」

これは、本書出版の企画を話すと、相手がかならず発する問いだった。

ふり返ると、執筆のきっかけに結びつく背景はあった。まず、私自身が難民研究や難民保護の実務にかかわった経験があったので、ナンセンのことは当然知っていた。ただ、彼の人生の全体像を知ったのは、国連難民高等弁務官(UNHCR)事務所勤務時代のことだった。

ある日、同僚であったジョージ・ランバートさんが、オーストラリアの日刊紙にナンセンに関する連載記事を寄稿した。その内容は、難民支援活動だけではなく、グリーンランド横断や極点最接近についても触れた内容だった。それ以来、そのきわだつ人物像に関心がわき、彼について書かれたものをあれこれと読むようになった。だが、当時は、ナンセンについて自分が何か書くなど思いもしなかった。

執筆に踏みきったのは、30年以上もの歳月が過ぎてからのことだった。2019年12月にフリチョフ・ナンセン研究所に立ち寄ると〔「はじめに」と「第11章」参照〕、さっそく起筆。ナンセンが生きた場所の空気を肺にたっぷり吸いこめば、自然と、彼の功績を日本語で記録しておきたいとの気持ちが湧いた。いまであれば、「規範起業家」（ある問題を劇的に表現することで社会の関心を促進し、新しい規範を示すとともに、これを受け入れるようアクターを説得する人びと）とも評されよう彼が、日本でほとんど知られていないのは残念だった。

しかしそれ以上に、彼が発した「エール」を、21世紀の若い人びとに届けたいと願った。ナンセンの精神や生き方、それは、世代を超えるエールである。閉塞感に押しつぶされそうないまの時代の若者に、それを届けることが、私の仕事だと定めた。

執筆を始めて数か月後、新型コロナウイルス感染症（COVID-19）パンデミックが宣言された。そろそろ原稿をまとめようかという段階で、ウラジーミル・プーチン大統領がウクライナに侵攻をしかけた。ナンセンからのエールを届けたいとの思いは、時代が転換期を迎え、世界と社会の情勢が視界不良となるなか、ますます強まった。極北で氷の壁に果敢に挑み、国際政治の大海を勇敢に渡った彼の声を、いま、聞いてほしい。

執筆のもうひとつの動機は、私のアイデンティティにかかわるきわめて個人的なことだ。私は沖縄出身のウチナーンチュである。約1世紀前の時代を生きたノルウェー出身のナンセンと、21世紀の沖縄には一見、なんの接点もないように思える。だが、そうだろうか。スウェーデンの実質支配から脱し自由を手にしたノルウェーのナンセンは、平和を支える哲学として「連帯の情」を主張した。たとえ自分がいま、たまたま平和を享受していたとしても、同じ社会でだれかが排除され苦しむかぎり、その平和は持続的ではない。だから、たがいを受け入れ、補いあうしか生存しつづける道はない。

一方、沖縄には、「ちむぐるさん」という表現がある。日本語に直訳すれば、「肝が苦しい」である。他者の魂の痛みを目撃したとき、それを自分の魂の痛みと感じるという意味だ。「自分ファースト」が当然視される時代、他者と自分を一体ととらえることを要求するこの言葉に、私は一種の凄みを感じる。そして、「連帯の情」と「ちむぐるさん」を重ねあわせてしまう。両者はともに、個人間で完結する「同情」を超え、じつは、その背後にある社会の平和の維持を企図しているのではないか。他者の苦痛に無頓着であるかぎり、その社会の平和は持続せず、いつしかそれは、自分やつぎの世代の苦痛となるのだから。

本書の執筆を決意してから、3年近くたってからの出版となってしまった。その間、ほかにも自書の出版があり、大学の仕事もたてこみ……と、言い訳を並べ立てるのは私の特技である。しかし最終的には、私の遅筆が招いた結果であることを認めざるをえない。そんな怠慢な私を見捨てるどころか、支えつづけた方々をもてたのは、ただただ幸運だった。

つぎの皆様に、心よりお礼を申し上げたい。長く仕事仲間として、また良き友としておつきあいいただいている弁護士の関聡介さんには、原稿と初稿にお目通しいただき、有益なフィードバックをいただいた。35年来の親友である吉田修二さんからも、ていねいなコメントを頂戴した。山嵜楓さん、大久保沙理さん、新垣俊さん、林茉子さんには、資料収集・整理やデータ作成、校正などでご協力いただいた。また、大学生である彼らの原稿読後感は率直かつ新鮮で、たいへん参考になった。医学系大学院でご研究されている西原健士朗さんには、第4章の表現などでご教示いただいた。アイヴァー・ノイマンさんをはじめ、フリチョフ・ナンセン研究所の皆さんには、有益な情報をご提供いただくなどお世話になった。そして、太郎次郎社エディタスの編集者、北山理子さんには、標準的な編集以上のご貢献をいただいた。本書に歴史的資料の価値を見出していただけるなら、それは、少なからず彼女の働きに負うものである。

本書は、評伝として物語るスタイルをとっており、大学教員である私にとっては異色の刊行物となった。勤務先である国際基督教大学(ICU)のキャンパスにあふれる自由の薫りに包まれていると、学術的要素を含む対象を、このスタイルを借りて表現することへの恐れは、いつのまにか消えていた。

われわれは立ち止まって過去をふり返ることはできるし、そこから多くの教訓を学ぶこともできる。しかし、それぞれが歩む人生で、時計の針を巻き戻して過去に戻ることはできない。後退できないという現実。それを受け入れるなら、やることはただひとつ。彼の声が彼方から聞こえる。いまにもくじけてしまいそうな、弱き私たちを奮い立たせる、彼のエールが。
「進め、前へ!」

2022年8月27日

新垣修

年表

年月	年齢	出来事
1861年10月10日	0	クリスチャニア近くのシュトレ・フレエンで出生
1880年	18	大学入学試験に合格
1881年	19	フレデリク王立大学(現・オスロ大学)に入学。動物学専攻を決める
1882年3月—6月	20	ヴァイキング号で極北を航海
1882年8月	20	ベルゲン博物館自然史資料収集学芸員に就任
1886年	24	イタリアでゴルジ染色法を学ぶ
1888年	26	フレデリク王立大学より博士号授与
1888年6月—9月	26	グリーンランド横断
~1889年春	27	ゴッターブにてイヌイットとともに生活
1889年	27-28	グリーンランド遠征から帰国 エヴァ・サーシュと結婚 フレデリク王立大学動物学研究所学芸員に就任

1893年6月24日	31	フラム号にて極北探検へ出発
1895年4月7日	33	極北―86°14'Nに到達
1896年6月17日	34	フランツ・ヨーゼフ・ランドにてジャクソンと再会
1897年	36	フレデリク王立大学動物学教授に就任（1908年まで）
1906年	44	在英国ノルウェー大使に就任
1907年12月	46	エヴァ・ナンセン死去
1908年	46	フレデリク王立大学海洋学教授に就任（終身まで在職） 大使職を辞任
1913年夏	51	シベリアに行く
1917年―1918年	55-56	ワシントン使節団団長としてノルウェーへの食糧供給を米国と交渉
1919年	57	パリ講和会議にノルウェー連盟協会議長として参加 シグルン・ムンテと再婚
1920年	58	国際連盟ノルウェー代表に就任 捕虜帰還高等弁務官に就任
1921年	59	ロシア難民高等弁務官に就任 ロシア飢饉救済事業高等弁務官に就任
1922年	61	トルコ・ギリシャ住民交換の本格交渉開始 ノーベル平和賞を受賞
1924年―1929年	62-67	アルメニア系難民の支援
1925年	63-64	ノルウェーの右翼政治団体同盟「祖国」への協力開始 セント・アンドリューズ大学学長に就任
1930年5月13日	68	心不全のため死去。国葬（5月17日）

1917年―1923年ころのチャート

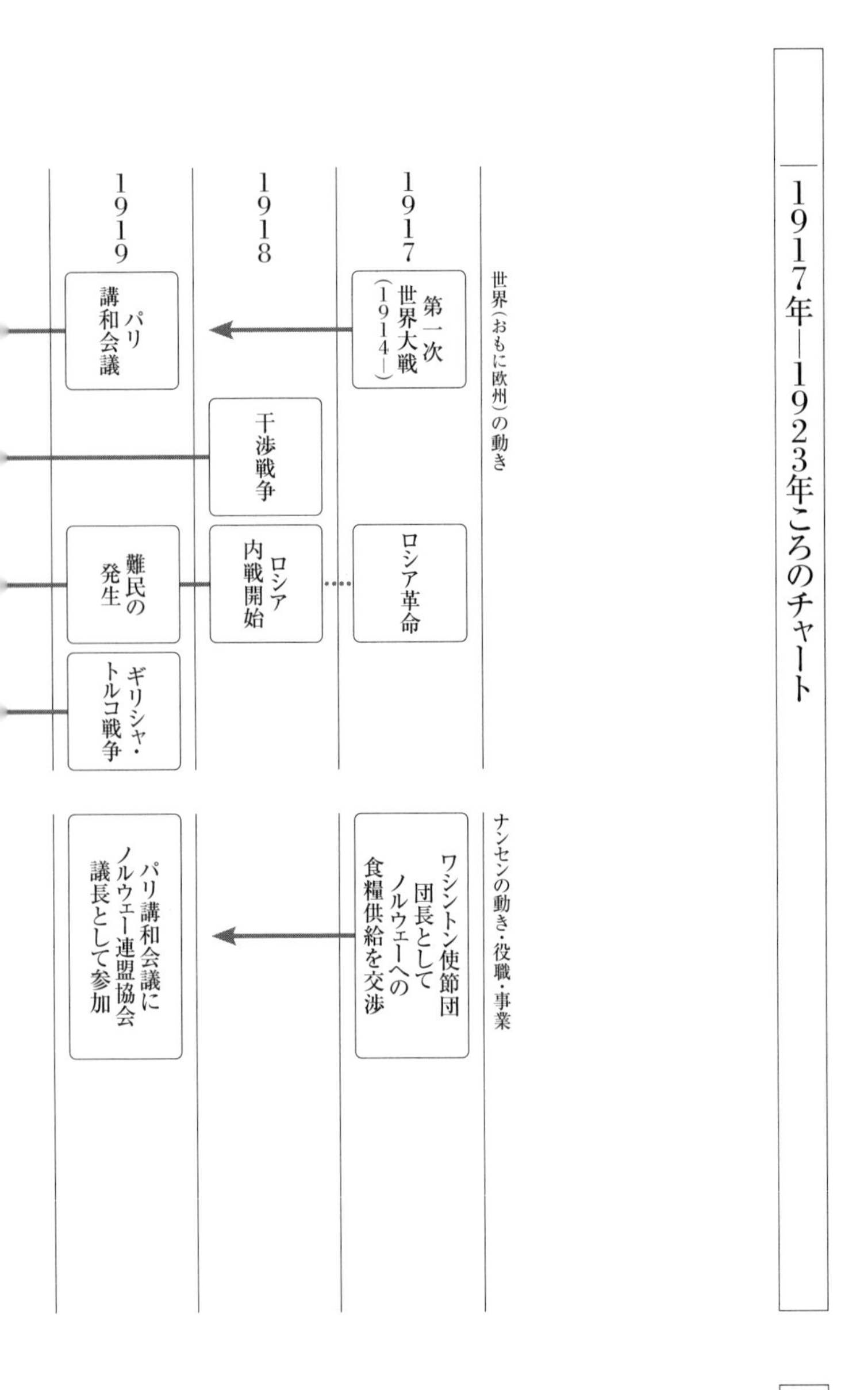

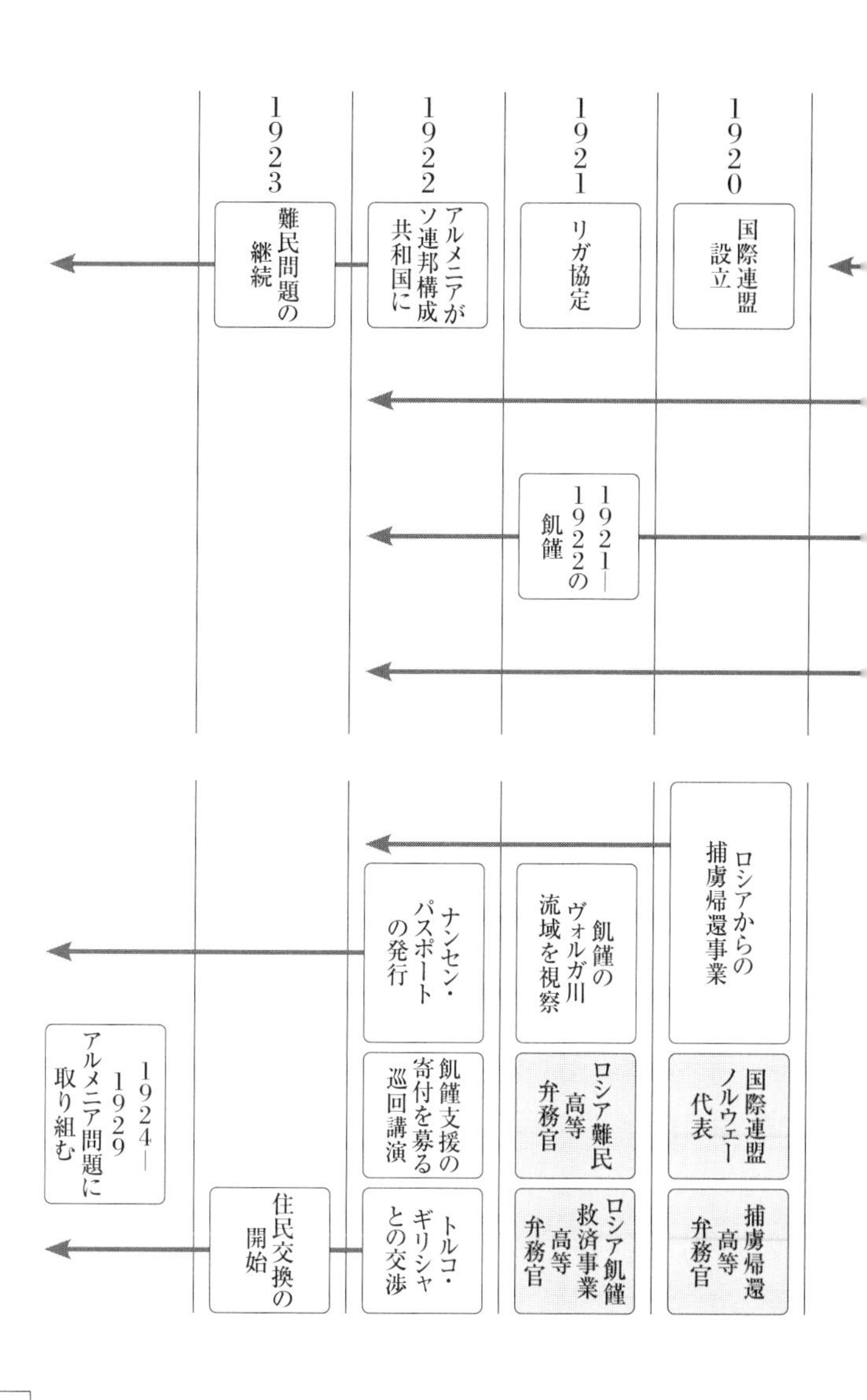
1920
1921
1922
1923
国際連盟設立
リガ協定
アルメニアがソ連邦構成共和国に
難民問題の継続
1921―1922の飢饉
ロシアからの捕虜帰還事業
飢饉のヴォルガ川流域を視察
ナンセン・パスポートの発行
1924―1929アルメニア問題に取り組む
国際連盟ノルウェー代表
ロシア難民高等弁務官
飢饉支援の寄付を募る巡回講演
捕虜帰還高等弁務官
ロシア飢饉救済事業高等弁務官
トルコ・ギリシャとの交渉
住民交換の開始

参考文献・資料

全般

Brögger, Waldemar Christopher and Rolfsen, Nordahl, *Fridtiof Nansen: 1861-1893* (Longmans, Green and Company, 1896).

Christophersen, Chr. A. R., "Fridtjof Nansen(1861-1930): A Life in the Service of Science and Humanity" (Dialogue Centre Montenegro)〈https://www.nansen-dialogue.net/ndcmontenegro/index.php/en/who-is-fridtjof-nansen〉(last access: 17 June 2020).

Fosse, Marit, and Fox, John, *Nansen: Explorer and Humanitarian*(Hamilton Books, 2015).

Fram Museum, *Fridtjof Nansen: Scientist and Humanitarian* (Fram Museum, 2008).

Fram Museum, *Nansen*(Fram Museum, 2015).

Høyer, Liv Nansen, *Nansen: A Family Portrait* (Longmans, Green, 1957).

Huntford, Roland, *Nansen: The Explorer as Hero*(Abacus, 2001).

ICRC, "Fridtjof Nansen"〈https://blogs.icrc.org/cross-files/fridtjof-nansen/#_ftn13〉(last access 10 June 2020).

Innes, Kathleen Elizabeth Royds, *The Story of Nansen and the League of Nations* (Friends Peace Committee, 1931).

Lettevall, Rebecka, "Neutrality and Humanitarianism: Fridtjof Nansen and the Nansen Passports" in Lettevall,

Rebecka, and others, *Neutrality in Twentieth-Century Europe: Intersections of Science, Culture, and Politics after the First World War* (Routledge, 2012).
Noel-Baker, Francis Edward, *Fridtjof Nansen* (*Lives to Remember*) (Black, 1958).
Noel-Baker, Philip, *Fridtjof Nansen: Minneforelesninger* (Universitetsforlaget, 1962).
Reynolds, E. E., *Nansen*(Orchard Press, 2011).
Vogt, Per, *Fridtjof Nansen: Explorer, Scientist, Humanitarian* (Dreyer, 1961).
太田昌秀「北極探検家、ナンセンから学んだこと」〈http://www.cneas.tohoku.ac.jp/labs/geo/10oldpage/ishiwata/IGC_Oslo/Nansen.htm〉(last access: 12 May 2020)。
A・G・ホール［著］、林要［訳］『ナンセン傳』岩波書店、１９４２年。

第1章◆人生の出航

天野誠・他［責任編集等］『スキー発達史』（現代スキー全集第5巻）実業之日本社、１９７１年。

大島美穂［編著］、岡本健志［編著］『ノルウェーを知るための60章』明石書店、２０１４年。

外務省「ノルウェー王国」〈https://www.mofa.go.jp/mofaj/area/norway/data.html#section1〉(last access: 22 May 2020)。

Ø・ステーネシエン［著］、I・リーベク［著］、岡沢憲芙［監訳］、小森宏美［訳］『ノルウェーの歴史——氷河期から今日まで』早稲田大学出版部、２００５年。

村井誠人［編］、奥島孝康［編］『ノルウェーの社会——質実剛健な市民社会の展開』早稲田大学出版部、２００４年。

第2章◆グリーンランド横断

Nansen, Fridtjof, *Eskimo Life* (Longman's, Green, 1893).
Nansen, Fridtjof, *First Crossing of Greenland* (Longmans, Green, 1893).
フリチョフ・ナンセン［著］、東知憲［訳］「グリーンランド初横断」『岳人』２０１４年９月号〜２０１６年６月号（連載）

第3章◆前へ！ 極北へ

Nansen, Fridtjof(ed), *The Norwegian North Polar Expedition 1893-1896: Scientific Results*

(Longmans, Green and Company, 1900).
Dr. Nansen and Lieut. Johansen, *Farthest North: Being the Record of a Voyage of Exploration of the Ship "Fram" 1893-96 and of a Fifteen Months' Sleigh Journey* (Harper, 1898).
ハンプトン・サイズ「北極探検――二つの物語」『ナショナル・ジオグラフィック 日本語版』15(1)、2009年、110-119頁。
フリッチョフ・ナンセン『極北――フラム号北極漂流記』中央公論新社、2002年。

第4章◆学者として

Bock, Ortwin, and Helle, Karen B., *Fridtjof Nansen and the Neuron* (Bodoni, 2016).
Compston, Alastair, "Editorial," *Brain* 133(2010) pp. 2173-2175.
Hestmark, Geir, "Fridtjof Nansen and the Geology of the Arctic," *Earth Science History* 10:2(1991) pp. 168-212.
Nansen, Fridtjof, "The Structure and Combination of the Histological Elements of the Central Nervous System," Dissertation, Bergens Museums Aarsberetning for 1886, Bergen(1887).
Shepherd, Gordon M., *Foundations of the Neuron Doctrine*(Oxford University Press, 2015).
Wyke, Barry, "Fridtjof NANSEN(1861-1930): A note on his contribution to neurology on the occasion of the century of his birth," *The Annals of The Royal College of Surgeons of England* 30:4(1962) pp. 243-252.

第5章◆外交官として

Nansen, Fridtjof, *Norway and the Union with Sweden* (Macmillan and Co. and The Macmillan Company, 1905).
Ø・ステーネシエン［著］、I・リーベク［著］、岡沢憲芙［監訳］、小森宏美［訳］『ノルウェーの歴史――氷河期から今日まで』早稲田大学出版部、2005年、107-109頁。
武田龍夫『物語 北欧の歴史――モデル国家の生成』中央公論新社、1993年、125-141頁。
百瀬宏『北欧現代史』山川出版社、1980年、182-190頁。

第6章◆捕虜の帰還

デーヴィッド・ロング［著］、ピーター・ウィルソン［著］、宮本盛太郎［監訳］、関静雄［監訳］『危機の20年と思想家たち――戦間期理想主義の再評価』ミネルヴァ書房、２００２年、31-64頁。

第7章◆ロシア飢饉

村知稔三「１９２０年代初頭のロシアにおける飢饉と乳幼児の生存・養育環境」『青山學院女子短期大學紀要』60、２００６年、１７７-１９９頁。

第8章◆難民支援

Loescher, Gil, *Beyond Charity: International Cooperation and the Global Refugee Crisis* (Oxford University Press, 1996), pp. 32-39.

Marrus, Michael R., *The Unwanted: European Refugees in the Twentieth Century* (Oxford University Press, 1985), pp. 81-96.

Ogata, Sadako, "Nansen Medal Award Ceremony: Statement by Mrs. Sadako Ogata, United Nations High Commissioner for Refugees, on the occasion of the award of the Nansen Medal for 1996 to Handicap International," (4 October 1996) 〈https://www.unhcr.org/admin/hcspeeches/3ae68fbc8/nansen-medal-award-ceremony-statement-mrs-sadako-ogata-united-nations-high.html〉 (last access: 12 March 2022).

Skran, Claudena, *Refugees in Inter-War Europe: The Emergence of a Regime* (Clarendon, 1995).

国連ＵＮＨＣＲ協会「アルメニアのシリア難民に生き続けるナンセンの遺産」２０１５年〈https://www.japanforunhcr.org/news/2015/1993〉(last access 12 September 2020)。

ジョン・トーピー［著］、藤川隆男［監訳］『パスポートの発明――監視・シティズンシップ・国家』法政大学出版局、２００８年。

船尾章子「ナンセン旅券制度の構築過程における国際連盟難民高等弁務官の機能（１）」神戸外大論叢65（４）、２０１５年、89-１０５頁。

松井真之介「オスマン帝国の１９１５年『アルメニア人ジェノサイド』におけるフランス国家の認知問題――

EU、トルコ、フランス」神戸大学大学院国際文化学研究科異文化研究交流センター研究部２００９年度プロジェクト報告書『ヨーロッパにおける多民族共存――多民族共存への多視点的・メタ視点的アプローチ』43-44頁。

第9章◆住民交換

Meindersma, Christa, "Population Exchanges: International Law and State Practice-Part I," *International Journal of Refugee Law*, 9 (1997) pp. 335-364.

Psomiades, Harry J., *Fridtjof Nansen and the Greek Refugee Crisis 1922-1924* (Asia Minor and Pontos Hellenic Research Center, 2011).

Schechtman, Joseph B., *Population Transfers in Asia* (Hallsby Press, 1949).

Shields, Sarah, "The Greek-Turkish Population Exchange: Internationally Administered Ethnic Cleansing," *Middle East Report* (Summer 2013, No. 267), pp. 2-6.

Yildirim, Onur, *Diplomacy and Displacement: Reconsidering the Turco-Greek Exchange of Populations, 1922-1934* (Routledge, 2006).

リチャード・クロッグ［著］、高久暁［訳］『ギリシャの歴史』創土社、２００４年、１１０頁。

村田奈々子「記憶と歴史――１９２２年のギリシア系正教徒難民のスミルナ脱出と日本船をめぐって」『東洋大学文学部紀要・史学科篇』45、２０２０年、２００(１５７)-１５３(２０４)頁。

第10章◆前へ！ 平和へ

Bew, John, *Realpolitik : A History* (Oxford University Press, 2015).

Nansen, Fridtjof, The Nobel Peace Prize Lecture 1922 (19 December 1922) 〈https://www.nobelprize.org/prizes/peace/1922/

Nansen, Fridtjof, *Russia and Peace* (George Allen & Unwin, 1923).

nansen/lecture/〉 (last access: 14 June 2022).

文部科学省「国際連合教育科学文化機関憲章」(ユネスコ憲章)〈https://www.mext.go.jp/unesco/009/001.htm〉(last access: 30 April 2022)。

第11章◆永遠への出航

Fridtjof Nansen Insitute, *Polhøgda* (Fridtjof Nansen Institute, 2017).
大口邦雄『リベラル・アーツとは何か——その歴史的系譜』さんこう社、２０１４年。
芳沢光雄『リベラルアーツの学び——理系的思考のすすめ』岩波書店、２０１８年。
ユニヴプレス「国際基督教大学に聞く！ そもそも『リベラルアーツ』とは何なのか」〈https://univpressnews.com/2017/11/01/post-1002/m〉(last access: 8 December 2021)。

写真協力

フリチョフ・ナンセン研究所◆Fridtjof Nansen Institute〈https://www.fni.no/?lang=en_GB〉
フラム号博物館◆Fram Museum〈https://frammuseum.no/〉
ノルウェー国立図書館◆National Library of Norway (NLN)〈https://www.nb.no/〉

＊本書はＪＳＰＳ科研費18K01479の助成の成果の一部である。

著者紹介

新垣修

あらかき おさむ

沖縄出身。国際基督教大学（ＩＣＵ）教養学部教授

PhD in Law (Victoria University of Wellington)

国連難民高等弁務官事務所法務官補、国際協力事業団（現・国際協力機構）ジュニア専門員、ハーバード大学ロースクール客員フェロー、東京大学大学院総合文化研究科客員准教授、広島市立大学教授などを経て現職

主著

『時を漂う感染症――国際法とグローバル・イシューの系譜』慶應義塾大学出版会、単著、２０２１年

The Oxford Handbook of International Refugee Law (chapter contribution/co-author, Oxford University Press, 2021)

The UNHCR and the Supervision of International Refugee Law (chapter contribution, Cambridge University Press, 2013)

Refugee Law and Practice in Japan (single author, Ashgate Publishing, 2008)

フリチョフ・ナンセン
極北探検家から「難民の父」へ

２０２２年11月５日 初版印刷
２０２２年12月10日 初版発行

著者◆
新垣修

装幀◆日下充典
本文デザイン◆KUSAKAHOUSE

発行所◆
株式会社太郎次郎社エディタス
東京都文京区本郷３-４-３-８F 〒１１３-００３３
電話０３-３８１５-０６０５ FAX０３-３８１５-０６９８
http://www.tarojiro.co.jp/ 電子メールtarojiro@tarojiro.co.jp

印刷・製本◆
シナノ書籍印刷

定価はカバーに表示してあります
ISBN978-4-8118-0853-6 C0023

カバー写真◆
表１前面：１９１７―１９１８年、撮影者不明。表４前面と表１背景：１８９７年、E. Bieber撮影。
表４背景：１９１４年、Ingeborg Motzfeldt Løchen撮影［いずれもNational Library of Norway（NLN）］